2025 신경향

심슨 전략서

암기 노트

핵심 문법 포인트 | 실무 중심 어휘 | 생활영어 표현

커넥츠 공단기 gong.conects.com 심슨영어연구소 카페 cafe.naver.com/shimson2000

| 심우철 지음 |

암기 노트

핵심 문법 포인트

001

a/the number of

☑ a number of + 복수 명사 + 복수 동사

1 뒤에 복수 명사가 왔는지 확인 단수 명사 X

- **A number of** satellite can be used for military purposes. X
- **A number of** satellites can be used for military purposes. O

많은 인공위성이 군사용으로 사용될 수 있다.

2 복수 동사로 수일치되었는지 확인 단수 동사 X

- **A number of** reporters has gathered outside the house. X
- **A number of** reporters have gathered outside the house. O

많은 취재진들이 집 밖에 모여들었다.

☑ the number of는 단수 동사로 수일치되었는지 확인 복수 동사 X

- **The number of** students have fallen in the last decade. X
- **The number of** students has fallen in the last decade. O

지난 10년간 학생 수가 감소해 왔다.

+ Further Study

a number of : 많은
the number of : ~의 수

the number of + 복수 명사(가산명사)
the amount of + 단수 명사(불가산명사)

The number of **tax** you pay depends on how much you earn. X
The amount of **tax** you pay depends on how much you earn. O

당신이 내는 세금의 양은 당신의 소득에 따라 달라진다.

002

one of

☑ 단수 동사로 수일치되었는지 확인 복수 동사 X

- **One of** my friends are a doctor. X
- **One of** my friends is a doctor. O

내 친구 중 한 명은 의사이다.

☑ 뒤에 복수 명사가 왔는지 확인 단수 명사 X

- This is **one of** my favorite book. X
- This is **one of** my favorite books. O

이것은 내가 가장 좋아하는 책 중 하나이다.

003

most of

☑ 뒤에 '복수 명사 + 복수 동사' 또는 '단수 명사 + 단수 동사'가 왔는지 확인

· **Most of the people** was about to go up the wall. X
· **Most of the people** were about to go up the wall. O
대부분의 사람들이 화나기 직전이었다.

Further Study

▶ almost vs most

almost all (of) the 명사
most (of the) 명사

Man lives in **almost all (of) the earth.** O
인간은 지구의 거의 모든 지역에 걸쳐 산다.

004

there be

☑ 뒤에 나온 명사에 수일치했는지 확인

· There is **24 teams** competing in the tournament. X
· There are **24 teams** competing in the tournament. O
토너먼트에서는 24개의 팀이 경쟁한다.

cf ~가 있는 것 같다

there seems to be + 단수 명사
there seem to be + 복수 명사

005

시간명사 + ago

☑ 과거시제인지 확인 현재완료시제 X

· He has gone out **half an hour ago.** X
· He went out **half an hour ago.** O
그는 30분 전에 외출했다.

006

last + 시간명사

☑ 과거시제인지 확인 현재완료시제 X

· He has slept like a log **last night.** X
· He slept like a log **last night.** O
그는 어젯밤에 곯아떨어졌다.

007

in + 과거연도

☑ 과거시제인지 확인 현재완료시제 X

- He has visited Russia **in 1927**. X
- He visited Russia **in 1927**. O

그는 1927년에 러시아를 방문했다.

008

since

☑ 과거시제로 쓰인 경우, 주절이 현재완료시제인지 확인 과거시제 X

- My life was an empty shell **since** she **died**. X
- My life has been an empty shell **since** she **died**. O

그녀가 죽은 이후로 내 삶은 텅 빈 껍데기였다.

Further Study

▶ Since(전치사) + N, S + V(현재완료)

Since last year, house prices have doubled. O

작년 이후로, 집값이 두 배로 뛰었다.

009

for[over] the last[past] + 기간

☑ 현재완료시제인지 확인 과거시제 X

- **For the last twenty years** the government was unstable. X
- **For the last twenty years** the government has been unstable. O

지난 20년 동안 정부는 불안정한 상태였다.

010

arrive

☑ 능동형으로 쓰였는지 확인 수동형 X

- They were arrived late at the airport. X
- They arrived late at the airport. O

그들은 늦게 공항에 도착했다.

☑ 완전자동사이므로 목적어 앞에 전치사 at/in이 있는지 확인 at/in 생략 X

- It had been already dark by the time they **arrived** their hotel. X
- It had been already dark by the time they **arrived** at their hotel. O

그들이 호텔에 도착했을 때쯤엔 이미 어두워져 있었다.

Further Study

arrive at[in] = reach : ~에 도착하다

011

occur/happen

☑ 능동형으로 쓰였는지 확인 수동형 X

· Since the Earth is rotating, two tides are occurred each day. X
· Since the Earth is rotating, two tides occur each day. O
지구가 자전하고 있기 때문에, 매일 두 번의 조수가 일어난다.

· The accident was happened at 2 o'clock this afternoon. X
· The accident happened at 2 o'clock this afternoon. O
그 사고는 오늘 오후 2시에 일어났다.

012

look

☑ 2형식으로 쓰인 경우, 보어에 형용사가 왔는지 확인 부사 X

· That book **looks** interestingly. X
· That book **looks** interesting. O
그 책은 흥미로워 보인다.

☑ 전치사 at과 함께 쓰인 경우

1 목적어 앞에 전치사 at이 있는지 확인 at 생략 X

· She **looked** me and smiled. X
· She **looked** at me and smiled. O
그녀는 나를 보며 웃었다.

2 수동태인 경우에도 전치사 at이 있는지 확인 at 생략 X

· He **was looked** in the town as a sinner. X
· He **was looked** at in the town as a sinner. O
그는 그 마을에서 죄수로 보였다.

013

become

☑ 2형식으로 쓰인 경우, 보어에 형용사가 왔는지 확인 부사 X

· It soon **became** clearly that the fire was out of control. X
· It soon **became** clear that the fire was out of control. O
그 화재가 걷잡을 수 없다는 것이 곧 확실해졌다.

014

stay/remain

2형식으로 쓰인 경우, 보어에 형용사가 왔는지 확인 부사X

· Let's just **stay** calmly and try to figure out what to do. X
· Let's just **stay** calm and try to figure out what to do. O
마음을 가라앉히고 무엇을 해야 할지 생각해보자.

· We **remain** confidently of offering the lowest prices. X
· We **remain** confident of offering the lowest prices. O
우리가 최저가를 제시하고 있다고 여전히 자신합니다.

Further Study

[stay / remain] + 형용사 : 유지하다
[stay / remain] + 부사/전치사 : 머무르다

015

discuss

완전타동사임에 유의 discuss about X

· Have you **discussed** about the problem with anyone? X
· Have you **discussed** the problem with anyone? O
넌 그 문제를 누군가와 상의해봤니?

016

reach

완전타동사임에 유의 reach to/at X

· After you **reach** at a certain age, nobody wants to hire you. X
· After you **reach** a certain age, nobody wants to hire you. O
당신이 특정한 나이에 도달하면, 누구도 당신을 고용하길 원치 않는다.

Further Study

▶ 그 밖의 자동사 같은 타동사

resemble ~와 닮다	enter ~에 들어가다	marry ~와 결혼하다
leave ~을 떠나다	oppose ~에 반대하다	answer ~에 답하다
attend ~에 참석하다	consider ~에 대해 고려하다	contact ~에게 연락하다

017

rise/arise/raise

「자동사(rise/arise)인지」 vs 「타동사(raise)인지」 확인

- School fees will raise slightly this year. X
- School fees will rise slightly this year. O

올해에는 등록금이 약간 오를 것이다.

- A subtle difference of opinion has raised between them. X
- A subtle difference of opinion has arisen between them. O

그들 사이에 미묘한 의견 차이가 생겼다.

- A gentleman doesn't rise his voice. X
- A gentleman doesn't raise his voice. O

신사는 목소리를 높이지 않는다.

Further Study

rise - rose - risen : ㉶ 오르다, 일어나다
arise - arose - arisen : ㉶ 생기다, 발생하다
raise - raised - raised : ㉹ 들어 올리다, 일으키다

018

lie/lay

「자동사(lie)인지」 vs 「타동사(lay)인지」 확인

- Now the town laid in ruins. X
- Now the town lay in ruins. O

이제 그 마을은 폐허가 되었다.

- He lied the money on the table. X
- He laid the money on the table. O

그는 탁자 위에 돈을 올려놓았다.

- Statistics can often lay. X
- Statistics can often lie. O

통계 자료도 종종 거짓말할 수 있다.

Further Study

lie - lied - lied : ㉶ 거짓말하다
lie - lay - lain : ㉶ 눕다, 놓여 있다
lay - laid - laid : ㉹ ~을 눕히다, 놓다; 낳다

019

find

목적격 보어에 형용사/RVing/p.p.가 왔는지 확인 부사 X, 원형부정사 X

· She **finds** the painting very beautifully. X

· She **finds** the painting very beautiful. O

그녀는 그 그림이 매우 아름답다고 생각한다.

· I **found** him sit on a chair. X

· I **found** him sitting on a chair. O

나는 그가 의자에 앉아 있는 것을 발견했다.

[가목적어 - 진목적어] 구문에서

1 가목적어 it이 있는지 확인 it 생략 X

2 목적격 보어가 형용사인지 확인 부사 X

· I **find** offensive that only a few artists were mentioned. X

· I **find** it offensive that only a few artists were mentioned. O

나는 오직 소수의 예술가들만이 언급된 것을 불쾌하다고 생각한다.

Further Study

▶ 「find(발견하다)의 과거인지」 vs 「found(설립하다)인지」 확인

find – found – found : 발견하다
found – founded – founded : 설립하다, 세우다

The castle was found on solid rock. X

The castle was founded on solid rock. O

그 성은 견고한 암석 위에 세워졌다.

020

make

사역동사로 쓰인 경우

1 목적격 보어에 원형부정사가 왔는지 확인 to RV X

- The photo **makes** him to look older than he really is. X
- The photo **makes** him look older than he really is. O

사진에서 그는 실제보다 나이 들어 보인다.

2 수동태로 쓰인 경우, 뒤에 to RV가 왔는지 확인 원형부정사 X

- He **was made** wait one hour before seeing a doctor. X
- He **was made** to wait one hour before seeing a doctor. O

그는 진찰을 받기 전에 한 시간을 기다리도록 되어 있었다.

목적격 보어에 형용사가 왔는지 확인 부사 X

- Her attitude **made** her very unpopularly with colleagues. X
- Her attitude **made** her very unpopular with colleagues. O

그녀의 태도 때문에 그녀는 동료들 사이에서 매우 인기가 없었다.

Further Study

▶ 목적격 보어가 분사형 형용사일 경우 능·수동 확인

His remarks **made** me confusing. X

His remarks **made** me confused. O

그의 말은 나를 혼란스럽게 했다.

[가목적어 - 진목적어] 구문에서

1 가목적어 it이 있는지 확인 it 생략 X

2 목적격 보어가 형용사인지 확인 부사 X

- He **made** clear not to want it. X
- He **made** it clear not to want it. O

그는 그것을 원치 않는다는 것을 명백히 했다.

021

have

사역동사로 쓰인 경우, 목적격 보어에 원형부정사/p.p.가 왔는지 확인 to RV X

- I'll **have** the bellboy to take up your bags. X
- I'll **have** the bellboy take up your bags. O

내가 벨보이에게 너의 가방을 들어달라고 할게.

022

let

☑ 목적격 보어에 원형부정사/be p.p.가 왔는지 확인 to RV X, p.p. X

· Thanks for **letting** me to spend the night at your place. X

· Thanks for **letting** me spend the night at your place. O

너희 집에서 재워줘서 고마워.

· They didn't **let** their requirements known. X

· They didn't **let** their requirements be known. O

그들은 자신들의 요구 사항을 알리지 않았다.

023

get

☑ 준사역동사로 쓰인 경우, 목적격 보어에 to RV/p.p.가 왔는지 확인 원형부정사 X

· We can **get** him sign the agreement. X

· We can **get** him to sign the agreement. O

우리는 그가 협정에 서명하도록 할 수 있다.

· It will take a long time to **get** my computer fix. X

· It will take a long time to **get** my computer fixed. O

내 컴퓨터를 고치려면 시간이 오래 걸릴 것이다.

☑ 2형식으로 쓰인 경우, 보어에 형용사가 왔는지 확인 부사 X

· It is **getting** coldly. X

· It is **getting** cold. O

날씨가 추워지고 있다.

024

help

☑ 뒤에 (to) RV 혹은 O (to) RV 구조 모두 가능에 유의

· We hope this **helps** (to) clarify the situation. O

우리는 이것이 그 상황을 명백히 하는 데에 도움이 되길 바란다.

· Can you **help** me (to) find my glasses? O

내 안경 찾는 것 좀 도와줄 수 있어?

+ Further Study

▶ help A with B : A가 B하는 것을 돕다

Her brother offered to **help** her **with** her homework. O

그녀의 오빠는 그녀가 숙제하는 것을 도와주겠다고 했다.

025

see

지각동사로 쓰인 경우

1 목적격 보어에 원형부정사/RVing/p.p.가 왔는지 확인 to RV X

- He **saw** a man to get out of the car. X
- He **saw** a man get(ting) out of the car. O

그는 한 남자가 차에서 내리는 것을 봤다.

2 수동태로 쓰인 경우, 뒤에 to RV가 왔는지 확인 원형부정사 X

- The suspect **was seen** enter the building. X
- The suspect **was seen** to enter the building. O

용의자가 건물 안으로 들어가는 것이 보였다.

간주동사로 쓰인 경우, see A as B(형/명) 구조인지 확인

- Climbers **see** the Himalayas as the final frontier. O

등반가들은 히말라야를 최종 고지로 간주한다.

026

hear

목적격 보어에 원형부정사/RVing/p.p.가 왔는지 확인 to RV X

- Neighbors **heard** the child to scream and called the police. X
- Neighbors **heard** the child scream(ing) and called the police. O

이웃들은 그 아이가 소리 지르는 것을 듣고 경찰에 신고했다.

027

notice

목적격 보어에 원형부정사/RVing/p.p.가 왔는지 확인 to RV X

- I **noticed** someone to come up the driveway. X
- I **noticed** someone come up the driveway. O

나는 누가 도로 위로 올라오는 것을 봤다.

028

remember

해석을 통해 뒤에 「to RV인지」 vs 「동명사인지」 확인

- He never **remembered** to lock the door when he went out. O

그는 외출할 때 항상 문을 잠그는 것을 깜빡했다.

- She **remembers** seeing him leave an hour ago. O

그녀는 한 시간 전에 그가 떠나는 것을 봤던 것을 기억한다.

Further Study

remember to RV : ~하기로 한 것을 기억하다 (아직 일어나지 않음)
remember RVing : ~한 것을 기억하다 (이미 일어남)

029

forget

해석을 통해 뒤에 「to RV인지」 vs 「동명사인지」 확인

· Don't **forget** to lock up when you leave. O

나갈 때 문 잠그는 것 잊지 마.

· I'll never **forget** meeting him for the first time. O

그를 처음 만났던 때를 결코 잊을 수 없을 것이다.

Further Study

forget to RV : ~하기로 한 것을 잊다 (아직 일어나지 않음)
forget RVing : ~한 것을 잊다 (이미 일어남)

030

regret

해석을 통해 뒤에 「to RV인지」 vs 「동명사인지」 확인

· I **regret** to inform you that the proposal was rejected. O

나는 당신에게 그 제안이 거절되었다고 알리게 되어 유감스럽다.

· I have always **regretted** giving up my piano lessons. O

나는 피아노 레슨을 그만둔 것을 항상 후회해왔다.

Further Study

regret to RV : ~하게 되어 유감이다 (아직 일어나지 않음)
regret RVing : ~한 것을 후회하다 (이미 일어남)

031

stop

해석을 통해 뒤에 「to RV인지」 vs 「동명사인지」 확인

· I **stopped** to rest for a few minutes. O

나는 몇 분간 쉬기 위해 멈췄다.

· I **stopped** going to church after I left home. O

나는 집을 떠난 후에 교회 다니는 것을 그만두었다.

Further Study

stop to RV : ~하기 위해 멈추다 (아직 일어나지 않음)
stop RVing : ~하는 것을 멈추다 (이미 일어남)

stop O from RVing 구조인지 확인 to RV X

· People **stopped** him to go in. X
· People **stopped** him from going in. O

사람들은 그가 들어가는 것을 막았다.

032

prevent

prevent O from RVing 구조인지 확인 to RV X

- A leg injury may **prevent** him to play in the game. X
- A leg injury may **prevent** him from playing in the game. O

그는 다리 부상으로 인해 경기를 뛰지 못할 수도 있다.

033

keep

목적격 보어에 형용사가 왔는지 확인 부사 X

- I try to **keep** my explanations simply to avoid confusion. X
- I try to **keep** my explanations simple to avoid confusion. O

나는 혼란을 피하기 위해 설명을 간단히 하려고 노력한다.

keep O from RVing 구조인지 확인 to RV X

- My father **kept** me to be a football referee. X
- My father **kept** me from being a football referee. O

아버지는 내가 축구 심판이 되는 것을 막으셨다.

Further Study

▶ keep (on) RVing : 계속해서 ~하다

He **kept** (on) behaving that way. O

그는 계속 그런 식으로 행동했다.

▶ keep O RVing : O가 계속 ~하게 하다

The company's good conditions **kept** him working there. O

회사의 좋은 조건이 그를 그곳에서 계속 일하게 했다.

▶ keep O from RVing : O가 ~하는 것을 막다

They **kept** me from seeing my father. O

그들은 내가 아버지를 만나는 것을 막았다.

034

who(m)

☑ 관계대명사의 격과 선행사가 사람인지 확인

- The man **who** lived there was a lawyer. O
  그곳에 살던 남자는 변호사였다.
- I know the man **whom** he mentioned. O
  나는 그가 언급한 그 남자를 알아요.

☑ 뒤에 불완전한 문장이 왔는지 확인 완전한 문장 X

- There is a student **who** wants to see you. O
  당신을 보고 싶어 하는 학생이 있다.
- The man **whom** we met yesterday is a famous poet. O
  우리가 어제 만난 그 남자는 유명한 시인이다.

☑ '그런데 그 사람' 또는 '누구'로 해석되는지 확인

- I don't like people **who** smoke on the street. O
  나는 길거리에서 담배를 피우는 사람들을 좋아하지 않는다.
- I want to know **who** will be appointed FIFA referees for this year. O
  나는 누가 올해의 FIFA 심판으로 임명될지 알고 싶다.

035

whose

☑ 'whose + 명사' 뒤에 불완전한 문장이 왔는지 확인 완전한 문장 X

- It is the house **whose roof** is painted blue. O
  그것은 지붕이 파란색으로 칠해진 집이다.
- I want to work for a company **whose products** I trust. O
  나는 내가 신뢰하는 제품을 가진 회사에서 일하고 싶다.

☑ '그런데 그 명사의' 또는 '누구의'로 해석되는지 확인

- He is an old-fashioned man **whose** thoughts are all wasted. O
  그는 시대에 뒤떨어진 사고를 가진 구시대적인 사람이다.
- I want to know **whose** idea is the best. O
  나는 누구의 아이디어가 가장 좋은지 알고 싶다.

036

which

☑ 관계대명사의 선행사가 사물이거나, 구·절인지 확인 사람 X

· The task **which** confronts him is not different from that **which** faced his predecessor. O

그가 직면한 그 업무는 그의 전임자가 직면했던 것과 다르지 않다.

· We had much rain last week, **which** caused lots of plants to bloom. O

지난주에 많은 비가 내렸는데, 그것은 많은 식물이 꽃 피우도록 유발했다.

☑ 뒤에 불완전한 문장이 왔는지 확인 완전한 문장 X

· I looked at the file **which** he gave it to me yesterday. X

· I looked at the file **which** he gave to me yesterday. O

나는 그가 어제 나에게 준 파일을 보았다.

☑ '그런데 그 명사' 또는 '어느 것/어떤'으로 해석되는지 확인

· This is the key **which** fits the lock. O

이것은 자물쇠에 맞는 열쇠이다.

· **Which** is the most important crop in this continent? O

어느 것이 이 대륙에서 가장 중요한 곡물입니까?

· We begin to deliberate **which** pleasures are most important to us. O

우리는 어떤 기쁨이 우리에게 가장 중요한지를 숙고하기 시작한다.

037

,(콤마) + some of whom[which]

☑ 목적격 관계대명사 whom[which]이 왔는지 확인 them X

· There are cats under the tree**, some of** them are fat. X

· There are cats under the tree**, some of** which are fat. O

= There are cats under the tree**, and some of them** are fat. O

나무 아래 고양이들이 있는데, 그 중 몇 마리는 뚱뚱하다.

038

that

✓ 앞에 명사가 있는지 확인(관계대명사 → 뒤에 불완전한 문장)

- Look at the cat **what** is coming this way. X
- Look at the cat **that** is coming this way. O

이쪽으로 오고 있는 고양이를 봐라.

+ Further Study

▶ 동격의 접속사 that을 취하는 주요 명사들 : 명사 + that + 완전한 문장

fact, truth, belief, idea, notion, opinion, evidence, proof, suggestion, requirement, demand, conviction, news, criticism, possibility, hypothesis

✓ 앞에 동사가 있는지 확인(명사절을 이끄는 접속사 → 뒤에 완전한 문장)

- Experts say **that** light exercise can extend your lifespan. O

전문가들은 가벼운 운동이 당신의 수명을 연장시킬 수 있다고 말한다.

✓ 앞에 콤마 또는 전치사가 없는지 확인 콤마 X, 전치사 X

- This is the new table with **that** I am satisfied. X
- This is the new table **that** I am satisfied with. O
- This is the new table with **which** I am satisfied. O

이것은 내가 만족해하는 새 식탁이다.

- The book, **that** I read last night, was exciting. X
- The book, **which** I read last night, was exciting. O

내가 어젯밤에 읽은 그 책은 흥미로웠다.

cf '전치사 + that'을 허용하는 예외적인 경우

in that : ~라는 점에서
except that : ~라는 사실만 제외하고

039

what

앞에 선행사가 없는지 확인 선행사 X

- The only way to get the thing **what** you want is to take an active stand. X
- The only way to get **what** you want is to take an active stand. O

당신이 원하는 것을 얻는 유일한 방법은 적극적인 입장을 취하는 것이다.

뒤에 불완전한 문장이 왔는지 확인 완전한 문장 X

- Forcing children to eat **what** they don't like it is counterproductive. X
- Forcing children to eat **what** they don't like is counterproductive. O

아이들에게 그들이 좋아하지 않는 것을 먹도록 강요하는 것은 역효과를 낳는다.

- Readers can choose how the main character looks like. X
- Readers can choose what the main character looks like. O

독자들은 주인공의 모습이 어떤지를 선택할 수 있다.

'~것/무엇' 또는 '무슨·어떤'으로 해석되는지 확인

- That amazes me is his complete disregard for other opinions. X
- What amazes me is his complete disregard for other opinions. O

나를 놀라게 하는 것은 그가 다른 의견을 완전히 무시한다는 점이다.

- We wanted to know **what** kinds of girls her sisters were. O

우리는 그녀의 여동생들이 어떤 유형의 소녀들이었는지 알기 원했다.

040

when

☑ 뒤에 완전한 문장이 왔는지 확인

· I remember the day which I started my teaching life. X

· I remember the day when I started my teaching life. O

나는 내가 교직 생활을 시작했던 그 날을 기억한다.

· Use plenty of wrapping **when** you pack fragile articles. O

깨지기 쉬운 물건을 포장할 때는 포장지를 충분히 사용해라.

☑ '그런데 그 시간에' 또는 '언제'로 해석되는지 확인

· Sunday is the day **when** I am not so busy. O

일요일은 내가 그렇게 바쁘지 않은 날이다.

· I don't remember **when** I saw the movie. O

나는 그 영화를 언제 봤는지 기억이 안 난다.

☑ 간접의문문으로 쓰인 경우, 평서문 어순인지 확인

· We do not even know **when** did he die. X

· We do not even know **when** he died. O

우리는 심지어 그가 언제 죽었는지도 모른다.

☑ 시간 부사절로 쓰인 경우, 현재시제인지 확인 미래시제 X

· **When** he will come back, I will leave here. X

· **When** he comes back, I will leave here. O

그가 돌아오면, 나는 여기를 떠날 것이다.

cf 명사절 또는 형용사절로 쓰인 경우, 내용상 미래시제를 그대로 미래시제로 표기한다.

Ask her **when** she will come back tomorrow. O

그녀에게 내일 언제 돌아오는지 물어봐.

041

where

뒤에 완전한 문장이 왔는지 확인

- A sweat lodge is a tent which Sioux Indians take a ritual sweat bath. X
- A sweat lodge is a tent where Sioux Indians take a ritual sweat bath. O

  한증막은 Sioux족 원주민들이 의식적인 땀 빼기를 하는 텐트이다.

- He was not sure **where** his friends could learn how to spend their time wisely. O

  그는 그의 친구들이 시간을 현명하게 보내는 방법을 어디에서 배울 수 있는지 확신할 수 없었다.

'그런데 그 장소에서' 또는 '어디에서'로 해석되는지 확인

- They lived near the shore **where** there were many shells. O

  그들은 조개껍데기가 많이 있는 해안가 근처에 살았다.

- I didn't know **where** the incident happened. O

  나는 그 사건이 어디에서 일어났는지 몰랐다.

간접의문문으로 쓰인 경우, 평서문 어순인지 확인

- Do you know **where** is the bank? X
- Do you know **where** the bank is? O

  은행이 어디에 있는지 아세요?

042

전치사 + 관계대명사

뒤에 완전한 문장이 왔는지 확인

- The hours which **a library is open** will be posted. X
- The hours during which **a library is open** will be posted. O

  도서관이 문을 여는 시간이 게시될 것이다.

알맞은 전치사를 사용했는지 확인

- It is factionalism for which we should **object**. X
- It is factionalism to which we should **object**. O

  우리가 반대해야 할 것은 파벌주의이다.

043

how

의문부사로 쓰인 경우

1 간접의문문으로 쓰인 경우, 평서문 어순인지 확인

· I told him **how did I feel** about their plight. X
· I told him **how I felt** about their plight. O
나는 그에게 그들의 곤경에 대해 내가 느꼈던 바를 말했다.

2 what과 구별 / however와 구별

· Louis understands **what** the system works. X
· Louis understands **how** the system works. O
Louis는 그 시스템이 작동하는 방법을 이해한다.

· The scientists showed **however** lasers could be used. X
· The scientists showed **how** lasers could be used. O
그 과학자들은 레이저가 어떻게 사용될 수 있는지를 보여주었다.

Further Study

▶ 구조로 how vs what 구별
- how + 완전한 문장
- what + 불완전한 문장

▶ 해석으로 how vs what vs however 구별
- how : 얼마나, 어떻게
- what : 무엇/것
- however : 아무리 ~할지라도

3 형용사나 부사가 바로 뒤에 있는지 확인

· It's hard to judge **how** she is **old**. X
· It's hard to judge **how old** she is. O
그녀가 몇 살인지 판단하기가 어렵다.

관계부사로 쓰인 경우, 앞에 the way가 없는지 확인 the way how X

· I don't like **the way how** he treats people. X
· I don't like **the way** he treats people. O
· I don't like **how** he treats people. O
나는 그가 사람들을 대하는 방식이 마음에 들지 않는다.

044

however

형용사나 부사가 바로 뒤에 있는지 확인

- **However** you are busy, you must take a look at yourself. X
- **However** busy you are, you must take a look at yourself. O

아무리 바쁘더라도, 당신은 자기 자신을 살펴보아야만 한다.

how와 구별

- How hungry you may be, you must eat slowly. X
- However hungry you may be, you must eat slowly. O

아무리 배가 고프다고 할지라도 천천히 먹어야 한다.

Further Study

how : 명사절
however : 부사절

however + 형 + a(n) + 명 어순인지 확인

- **However** a strong **leader** he was, Napoleon was still human. X
- **However** strong a **leader** he was, Napoleon was still human. O

아무리 강한 지도자라고 하더라도, Napoleon은 여전히 인간이었다.

045

who(m)ever

복합관계사의 격(주격 vs 목적격) 확인

- I will give an opera ticket to whomever **wants** it. X
- I will give an opera ticket to whoever **wants** it. O

원하는 사람은 누구든 오페라 티켓을 줄 것이다.

046

it/they[them]

대응어구의 수일치 확인 (it vs they, it vs them, its vs their)

- The more expensive **a restaurant** is, the better their service is. X
- The more expensive **a restaurant** is, the better its service is. O

식당은 비쌀수록, 그 서비스가 좋다.

목적어 자리에서 중복되지 않았는지 확인 목적어 중복 X

- I will prepare **the food** that you like it. X
- I will prepare **the food** that you like. O

제가 당신이 좋아하는 음식을 준비할게요.

- He has **the money** to use it for the trip. X
- He has **the money** to use for the trip. O

그는 여행에 쓸 돈이 있다.

Further Study

- A + 목적격 관계대명사 + S + V + it/them (X)
- A + to 부정사 + it/them (X)
- A + be + 난이형용사 + to RV + it/them (X)
- A + be + too + 형용사 + to RV + it/them (X)
- A + be + worth + 동명사 + it/them (X)

047

that[those] (of)

대응어구의 수일치 확인

- **His own experience** is different from those of his friends. X
- **His own experience** is different from that of his friends. O

그 자신의 경험은 그의 친구들의 경험과 다르다.

- In my opinion, **the finest wines** are that from France. X
- In my opinion, **the finest wines** are those from France. O

내 생각에, 최고의 와인은 프랑스산이다.

048

and

병렬되는 대상들의 급이 일치하는지 확인

- Her hobbies include painting, gardening, **and** play the piano. X
- Her hobbies include painting, gardening, **and** playing the piano. O

그녀의 취미에는 그림 그리기, 정원 가꾸기, 피아노 연주가 있다.

cf 등위접속사

and 그리고 or 또는 but[yet] 그러나 so 그래서

049

despite

뒤에 명사(구)가 왔는지 확인 절 X

- **Despite** the weather was bad, we enjoyed our picnic. X
- **Despite** the bad weather, we enjoyed our picnic. O

  궂은 날씨에도 불구하고, 우리는 소풍을 즐겼다.

뒤에 전치사가 없는지 확인 despite of X

- **Despite** of these measures, the economy remains sluggish. X
- **Despite** these measures, the economy remains sluggish. O

  이러한 조치들에도 불구하고, 경제는 여전히 부진하다.

050

(al)though

뒤에 절이 왔는지 확인 명사(구) X

- Despite **the car is old**, it still runs well. X
- Although **the car is old**, it still runs well. O

  비록 그 차는 오래됐을지라도, 여전히 잘 굴러간다.

Further Study

▶ 비록 ~일지라도, ~에도 불구하고

despite[in spite of] + 명사(구)
(al)though + S + V

051

during

뒤에 명사(구)가 왔는지 확인 절 X

- During **you are eating**, you shouldn't speak. X
- While **you are eating**, you shouldn't speak. O

  식사하는 동안에는 말을 해서는 안 된다.

for와 구별

- Please remain seated for **the performance.** X
- Please remain seated during **the performance**. O

  공연 중에 자리를 떠나지 마세요.

Further Study

during + 특정 기간(한정사)
for + 불특정 기간(숫자)

052

while

✓ 뒤에 절이 왔는지 확인 명사(구) X

· We must have been burgled during **we were asleep.** X
· We must have been burgled while **we were asleep.** O
우리가 자는 동안 집이 털린 게 틀림없어.

+ Further Study

▶ ~하는 동안에

during + 명사(구)
while + (S + V), (RVing/p.p.), (전 + 명)

053

by/until

✓ by = '늦어도' / until = '계속'을 넣고 해석하여 구별

· You have to finish this work until next week. X
· You have to finish this work by next week. O
당신은 (늦어도) 다음 주까지 이 일을 끝내야 한다.

· The ticket is valid by March. X
· The ticket is valid until March. O
그 티켓은 3월까지 (계속) 유효하다.

054

by the time

✓ 시간 부사절로 쓰인 경우 시제 고려

1 부사절의 시제가 현재시제인지 확인 미래시제 X

· **By the time** he will retire next year, he will have worked for 40 years. X
· **By the time** he retires next year, he will have worked for 40 years. O
내년에 그가 은퇴할 때쯤, 그는 40년간 일해 온 것이 될 것이다.

2 주절에 기간 부사구가 나오는 경우, 주절의 시제가 미래완료시제인지 확인 미래시제 X

· **By the time** he retires next year, he will work for 40 years. X
· **By the time** he retires next year, he will have worked for 40 years. O
내년에 그가 은퇴할 때쯤, 그는 40년간 일해 온 것이 될 것이다.

+ Further Study

▶ by the time + 과거 시점이 오는 경우, 주절에는 과거완료시제가 주로 쓰인다.

By the time the police arrived, the criminals had already fled. O
경찰이 도착했을 때 범죄자들은 이미 도망쳐 있었다.

055

as soon as

뒤에 현재시제가 쓰였는지 확인 미래시제 X

- I will send him the book **as soon as** I will receive payment. X
- I will send him the book **as soon as** I receive payment. O

내가 돈을 받는 대로 그에게 책을 보낼 것이다.

056

unless

뒤에 현재시제가 쓰였는지 확인 미래시제 X

- He will not go **unless** you will go with him. X
- He will not go **unless** you go with him. O

네가 함께 가지 않는다면 그는 가지 않을 것이다.

not이나 never가 없는지 확인 부정어 중복 X

- I sleep with the window open **unless** it's not really cold. X
- I sleep with the window open **unless** it's really cold. O

나는 너무 춥지 않으면 창문을 열어놓고 잔다.

057

in case (that)

뒤에 현재시제가 쓰였는지 확인 미래시제 X

- **In case (that)** he will not agree, I will cite an example later. X
- **In case (that)** he does not agree, I will cite an example later. O

그가 동의하지 않을 경우를 대비해 나중에 예를 하나 들겠습니다.

뒤에 절이 오는 경우, in case (that)인지 확인 in case of X

- She took a light sweater in case of the evening was cool. X
- She took a light sweater in case the evening was cool. O

그녀는 저녁에 쌀쌀할 것을 대비해 가벼운 스웨터를 걸쳤다.

Further Study

in case (that) S + V : ~의 경우에 대비해서, 만약 ~하는 경우
in case of + 명사(구) : ~의 경우에 대비해서

058

if

부사절로 쓰인 경우

1 가정법인지 확인

ⓐ 해석을 통해 **직설법**인지, **가정법**인지 구별
ⓑ 주절에 **조동사의 과거형** 혹은 **조동사의 과거형 + have p.p.**가 있는지 확인
ⓒ if절에 **were, 과거동사** 혹은 **had p.p.**가 있으면, 주절에 **조동사의 과거형** 혹은 **조동사의 과거형 + have p.p.**가 있는지 확인

- **If** I **were** rich enough, I **would have bought** the car. X
- **If** I **were** rich enough, I **would buy** the car. O
  돈이 넉넉하면 그 차를 살 텐데.

2 가정법이 아닌 경우, 현재시제인지 확인 미래시제 X

- **If** you **will do**, you'll be necessarily discreet about it. X
- **If** you **do**, you'll be necessarily discreet about it. O
  네가 만약 그런다면, 너는 반드시 그것에 대해 신중할 것이다.

명사절로 쓰인 경우

1 타동사의 목적어인지 확인 주어·보어·전치사의 목적어 X

- **If** you drink is up to you and your doctor. X
- **Whether** you drink is up to you and your doctor. O
  당신이 술을 마셔도 되는지 아닌지는 당신과 당신의 의사에게 달려있다.

2 내용상 미래시제일 경우 미래시제인지 확인 현재시제 X

- I wonder **if** she **finishes** the work by tonight. X
- I wonder **if** she **will finish** the work by tonight. O
  나는 그녀가 오늘 밤까지 그 일을 끝마칠지 궁금하다.

059

were/had/should

주어 앞에 위치한 경우, 가정법인지 확인

- **Were** I president, I **wouldn't be** talking about that. O
  내가 대통령이라면 그것에 대해 이야기하지 않을 텐데.
- **Had** I had any money, I **would have lent** him some. O
  내가 돈이 있었더라면, 그에게 약간 빌려주었을 텐데.

060

should have p.p.

must have p.p.와 의미 구별

너는 나에게 바로 전화했어야 했다.

→ You must have called me right away. X

→ You should have called me right away. O

Further Study

should have p.p. : ~했어야 했는데 (안 했다)
must have p.p. : ~했음이 틀림없다

061

used to

3가지 용법에 유의

라이터가 불을 피우는 데 사용되었다.

→ The cigarette lighter **used to** start the fire. X

→ The cigarette lighter was **used to** start the fire. O

그는 승인을 요청하기 전에 일을 처리하곤 했다.

→ He **used to** acting before asking for approval. X

→ He **used to** act before asking for approval. O

나는 한 달에 한 번 시험을 치는 것에 익숙하다.

→ I **am used to** take the test once a month. X

→ I **am used to** taking the test once a month. O

Further Study

▶ be used to RV vs used to RV vs be used to RVing

be used to RV	~하는 데 사용되다
used to RV	~하곤 했다
be[get] used[accustomed] to RVing	~하는 데 익숙하다[익숙해지다]

062

each

뒤에 '단수 명사 + 단수 동사'가 왔는지 확인 복수 명사 X, 복수 동사 X

· **Each** members of the team is given a job to do. X
· **Each** member of the team are given a job to do. X
· **Each** member of the team is given a job to do. O

그 팀의 각 멤버들에게 해야 할 일이 한 가지씩 주어졌다.

cf each가 대명사로 쓰인 경우

each + of + 복수 명사 + 단수 동사

Further Study

each : 대명사로도 쓰임
every : 대명사로는 쓰이지 않음

063

every

뒤에 '단수 명사 + 단수 동사'가 왔는지 확인 복수 명사 X, 복수 동사 X

· **Every** rooms in the house were painted white. X
· **Every** room in the house was painted white. O

집에 있는 모든 방은 하얀색으로 칠해졌다.

every + 기간명사가 나오는 경우, '기수 + 복수 명사' 또는 '서수 + 단수 명사'인지 확인

· She has a day off **every** five days. O
· She has a day off **every** fifth day. O

그녀는 5일마다 하루 쉰다.

064

all

☑ all (of) 한정사 뒤에 '복수 명사 + 복수 동사' 또는 '단수 명사 + 단수 동사'가 왔는지 확인

· **All of her** major **plays** has been translated into English. X
· **All of her** major **plays** have been translated into English. O
그녀의 주요한 희곡들 모두는 영어로 번역되었다.

· **All of the information** remain confidential. X
· **All of the information** remains confidential. O
모든 정보는 기밀로 유지된다.

☑ 전치 한정사로 쓰인 경우, 다른 한정사 앞에 왔는지 확인 한정사 뒤 X

· He has worked **his** all life in the mine. X
· He has worked all **his** life in the mine. O
그는 한평생 광산에서 일했다.

065

both

☑ 상관접속사로 쓰인 경우, 상관어구 짝이 and인지 확인 or X

· **Both** he or his wife enjoy tennis. X
· **Both** he and his wife enjoy tennis. O
그와 그의 아내 모두 테니스를 즐긴다.

☑ 복수 동사로 수일치되었는지 확인 단수 동사 X

· **Both** his mother and father was at the airport. X
· **Both** his mother and father were at the airport. O
그의 어머니와 아버지는 모두 공항에 있었다.

066

(a) few

뒤에 복수 명사가 왔는지 확인 단수 명사X

· Susan has **a few** bad tooth. X

· Susan has **a few** bad teeth. O

Susan은 충치가 조금 있다.

few와 a few의 의미 구별

· There were few people sitting at the back of the hall. O

강당 뒤쪽에 앉아 있는 사람들이 거의 없었다.

· There were a few people sitting at the back of the hall. O

강당 뒤쪽에 앉아 있는 사람들이 몇몇 있었다.

067

(a) little

little이 문두에 오는 경우, 주어와 동사가 도치되었는지 확인

· **Little** she knew that her life was about to change. X

· **Little** did she know that her life was about to change. O

그녀는 자신의 삶이 바뀔 것이라는 것을 거의 알지 못했다.

뒤에 불가산명사가 왔는지 확인 복수 명사X

· I'm going to give you **a few** advice. X

· I'm going to give you **a little** advice. O

너에게 약간의 조언을 해줄게.

Further Study

(a) few + 복수 명사(가산명사)
(a) little + 단수 명사(불가산명사)

little과 a little의 의미 구별

· I have little money. O

나는 돈이 거의 없다.

· I have a little money. O

나는 돈이 조금 있다.

068

so

so + 형 + a(n) + 명 어순인지 확인

- It was **so** a boring **film** that we fell asleep. X
- It was **so** boring a **film** that we fell asleep. O

영화가 너무 지루해서 우리는 잠들었다.

so ~ that 구문인지 확인 very X

- Death is very frightening **that** he never thinks of it. X
- Death is so frightening **that** he never thinks of it. O

죽음이란 것은 워낙 위협적이어서 그는 그것에 관해 절대 생각하지 않는다.

[so + V + S] 긍정 동의 구문에서

1 주어와 동사의 도치 확인

- He was a little upset, and **so** I was. X
- He was a little upset, and **so** was I. O

그는 약간 화났고 나도 그랬다.

2 뒤에 대동사(be/do/have/조동사)가 맞게 쓰였는지 확인

- He **has been** ill, and **so** was his wife. X
- He **has been** ill, and **so** has his wife. O

그는 줄곧 아팠는데 그의 아내도 그랬다.

069

such

such + a(n) + 형 + 명 어순인지 확인

- He's **such** nice a **guy**. X
- He's **such** a nice **guy**. O

그는 정말 멋진 남자다.

070

too

☑ [too ~ to] 구문에서

1 too와 to인지 확인 so X, very X

- It's so early to have dinner now. X
- It's too early to have dinner now. O

  지금 저녁 식사를 하기에는 너무 이르다.

2 to RV의 목적어가 주어로 오는 경우, to RV의 목적어가 없는지 확인 목적어 중복 X

- The problem is **too** difficult for us **to** solve it. X
- The problem is **too** difficult for us **to** solve. O

  그 문제는 우리가 해결하기에 너무 어렵다.

☑ 문장 끝부분에 있는 경우, 앞 문장이 긍정문인지 확인 부정문 뒤 X

- He enjoys fish, and she does, either. X
- He enjoys fish, and she does, too. O

  그는 생선을 즐기며, 그녀 또한 마찬가지이다.

☑ too + 형 + a(n) + 명 어순인지 확인

- Big cities face **too** a high **probability** of traffic congestion. X
- Big cities face **too** high a **probability** of traffic congestion. O

  대도시에는 교통 체증이 일어날 가능성이 아주 크다.

071

either

상관접속사로 쓰인 경우

1 상관어구 짝이 or인지 확인 nor X

· **Either** eat some more, nor take some of those meatballs home. X
· **Either** eat some more, or take some of those meatballs home. O
미트볼을 좀 더 먹거나, 집에 가지고 가든가 해라.

2 either A or B에서 B에 수일치했는지 확인 A에 수일치 X

· **Either** you **or** she are responsible for the accident. X
· **Either** you **or** she is responsible for the accident. O
당신이나 그녀 중 한 명이 그 사고에 책임이 있다.

대명사로 쓰인 경우, 단수 동사로 수일치되었는지 확인 복수 동사 X

· Don't **either** of your kids want to be a journalist? X
· Doesn't **either** of your kids want to be a journalist? O
당신의 아이들 중 한 명이 언론인이 되고 싶어하지 않나요?

문장 끝 부분에 있는 경우, 앞 문장이 부정문인지 확인 긍정문 뒤 X

· I have**n't** seen the movie and my brother hasn't too. X
· I have**n't** seen the movie and my brother hasn't either. O
나는 그 영화를 본 적이 없는데 나의 동생도 마찬가지다.

Further Study

▶ ~도 또한

긍정문 + too
부정문 + either

neither

상관접속사로 쓰인 경우

1 상관어구 짝이 nor인지 확인 or X

- The equipment is **neither** accurate or safe. X
- The equipment is **neither** accurate nor safe. O

  그 장비는 정확하지도 안전하지도 않다.

2 neither A nor B에서 B에 수일치했는지 확인 A에 수일치 X

- **Neither** you **nor** she are responsible for the accident. X
- **Neither** you **nor** she is responsible for the accident. O

  당신이나 그녀는 그 사고에 책임이 없다.

대명사로 쓰인 경우, 단수 동사로 수일치되었는지 확인 복수 동사 X

- **Neither** of the two tactics seem to have worked very well. X
- **Neither** of the two tactics seems to have worked very well. O

  두 전략 중에 어떠한 전략도 매우 잘 실행되었던 것 같지 않다.

부정부사로 쓰인 경우

1 앞 문장에 대한 부정 동의로 쓰인 경우, 주어와 동사의 도치 확인

- Tom didn't believe a word she said, and **neither** the police did. X
- Tom didn't believe a word she said, and **neither** did the police. O

  Tom은 그녀가 한 말을 믿지 않았는데, 경찰도 마찬가지였다.

2 뒤에 대동사(be/do/have/조동사)가 맞게 쓰였는지 확인

- He **did** not remember her name and **neither** was **I**. X
- He **did** not remember her name and **neither** did **I**. O

  그는 그녀의 이름을 기억하지 못했고 나도 마찬가지였다.

073

as

☑ [as ~ as] 원급 구문에서

1 상관어구 확인 more[-er] ~ than과 혼용 X as ~er as 중복 X

- This fact is **as** clear than glass. X
- This fact is **as** clearer **as** glass. X
- This fact is **as** clear **as** glass. O

이 사실은 매우 명백하다.

2 비교되는 두 대상의 급이 맞는지 확인

- **The temperature of Hawaii** was as warm as those of California. X
- **The temperature of Hawaii** was as warm as that of California. O

하와이의 기온은 캘리포니아의 기온만큼 따뜻했다.

☑ [형/부/명 + as/though + S + V] 양보 도치 구문에서

1 명사에 관사가 없는지 확인

- A child **as** he was, he was not afraid of the dark. X
- Child **as** he was, he was not afraid of the dark. O

그는 비록 어린아이였지만, 어둠을 두려워하지 않았다.

2 as나 though가 왔는지 확인 although X, as if X

- Young although he is, he is an able lawyer. X
- Young as if he is, he is an able lawyer. X
- Young as[though] he is, he is an able lawyer. O

그는 비록 어리지만, 유능한 변호사이다.

☑ as가 '~처럼'이라는 뜻의 접속사로 쓰일 때, 주어와 동사의 도치 가능

- She's very tall, **as** her mother is. O
- She's very tall, **as** is her mother. O

그녀의 어머니가 그렇듯이, 그녀도 매우 키가 크다.

074

more[-er] ~ than

비교급 구문에서 혼용 및 중복 확인

1 more[-er]의 상관어구가 than인지 확인 as ~ as와 혼용 X

· Your health is **more** important as anything else. X
· Your health is **more** important than anything else. O
건강이 다른 어떤 것보다도 더 중요하다.

2 more과 -er 중 하나만 사용하였는지 확인 중복 X

· It's more quicker by train than by bus to get there. X
· It's quicker by train than by bus to get there. O
거기까지 기차를 타고 가는 게 버스를 타고 가는 것보다 더 빠르다.

비교되는 두 대상의 급이 맞는지 확인

· **The population of London** is bigger than Scotland. X
· **The population of London** is bigger than that of Scotland. O
런던의 인구는 스코틀랜드의 인구보다 더 많다.

075

much

비교급 수식 가능 very X

· These shoes are very **more** comfortable. X
· These shoes are much **more** comfortable. O
이 신발들이 훨씬 더 편하다.

Further Study

very + 원급
much + 비교급

뒤에 불가산명사가 왔는지 확인 복수 명사 X

· Too **much** informations confuses people. X
· Too **much** information confuses people. O
너무 많은 정보는 사람들을 혼란스럽게 한다.

Further Study

▶ ~은 말할 것도 없이

긍정문 + much[still] more
부정문 + much[still] less

She **can** speak English, much less French. X
She **can** speak English, much more French. O
그녀는 불어는 말할 것도 없고, 영어도 할 수 있다.

076

advice

불가산명사임에 유의 a(n) X, 복수형 X

- My father gave me sincere advices that I've never forgotten. X
- My father gave me sincere advice that I've never forgotten. O

아버지는 내가 절대 잊은 적 없는 진심 어린 조언을 해주셨다.

Further Study

▶ 셀 수 없는 불가산명사들

advice 충고 homework 숙제 knowledge 지식 evidence 증거 furniture 가구 information 정보

077

enough

부사로 쓰인 경우, 형용사 뒤에 쓰였는지 확인 형용사 앞 X

- The pole was just **enough** long to reach the window. X
- The pole was just long **enough** to reach the window. O

그 기둥은 창문에 닿을 만큼 충분히 길었다.

Further Study

▶ enough가 형용사로 쓰인 경우, **명사 앞과 뒤**에서 모두 수식 가능

The police didn't have **enough** evidence to convict him. O

경찰은 그의 유죄를 입증할 충분한 증거를 갖고 있지 않았다.

There'll be time **enough** to talk later. O

나중에 충분히 말할 시간이 있을 거야.

078

allow

☑ 목적격 보어에 to RV가 왔는지 확인 원형부정사 X

· We do not **allow** people smoke in the building. X
· We do not **allow** people to smoke in the building. O
우리는 사람들이 이 건물 안에서 담배 피우는 것을 허용하지 않는다.

Further Study

▶ to 부정사를 목적격 보어로 취하는 5형식 동사들: 동사 + 목적어 + to RV

cause, order, require, enable, expect, encourage, ask, allow, advise, force, permit, persuade

079

ask

☑ 목적어가 that절인 경우, that S + (should) RV 구조인지 확인

· We **asked that** the battery is checked monthly. X
· We **asked that** the battery be checked monthly. O
우리는 그 배터리를 매달 점검해야 한다고 요구했다.

Further Study

▶ 4형식으로 쓰인 경우, 직접목적어에 that절이 올 수 없음에 유의

He **asked** me that I could give him some advice. X
He **asked** me if/whether I could give him some advice. O
그는 나에게 조언을 좀 해줄 수 있냐고 물었다.

☑ 목적격 보어에 to RV가 왔는지 확인 원형부정사 X

· The policeman **asked** me keep sight of him. X
· The policeman **asked** me to keep sight of him. O
그 경찰관은 내게 그를 지켜보라고 요구했다.

· He **was asked** join the discussion. X
· He **was asked** to join the discussion. O
그는 토론에 참여해 달라는 요청을 받았다.

080

insist

☑ 목적어가 that절인 경우, that S + (should) RV 구조인지 확인 (당위·의무의 의미에 한정)

- They **insisted that** action was taken immediately. X
- They **insisted that** action (should) be taken immediately. O

그들은 조치가 즉시 취해져야 한다고 주장했다.

☑ 뒤에 on RVing가 왔는지 확인 to RV X

- She **insisted** for me to wear the helmet on a motorcycle. X
- She **insisted** on my wearing the helmet on a motorcycle. O

그녀는 내가 오토바이를 탈 때 헬멧을 쓰도록 요구했다.

081

suggest

☑ 목적어가 that절인 경우, that S + (should) RV 구조인지 확인 (당위·의무의 의미에 한정)

- She **suggested that** we are ready to go for a stroll after lunch. X
- She **suggested that** we be ready to go for a stroll after lunch. O

그녀는 우리가 점심을 먹은 후 산책 갈 준비를 할 것을 제안했다.

☑ 뒤에 동명사가 왔는지 확인 to RV X

- If there is a problem, we **suggest** to contact the manufacturer. X
- If there is a problem, we **suggest** contacting the manufacturer. O

만약 문제가 있다면, 제조업자와 연락하는 것을 추천합니다.

☑ 3형식으로 쓰였는지 확인 4형식 X, 5형식 X

- The doctor **suggests** the patient that he should take a rest. X
- The doctor **suggests** to the patient that he should take a rest. O

의사는 환자에게 그가 휴식을 취해야만 한다고 제안했다.

- We **suggest** you to take a copy of the final invoice. X
- We **suggest** (that) you take a copy of the final invoice. O

우리는 당신이 최종 송장의 사본을 만들 것을 추천한다.

082

demand

목적어가 that절인 경우, that S + (should) RV 구조인지 확인

· We **demanded that** the government released all political prisoners. X
· We **demanded that** the government release all political prisoners. O
우리는 정부가 모든 정치범들을 석방해야 한다고 요구했다.

Further Study

▶ 주장·요구·명령·제안·충고·결정 동사

주장	insist, urge, argue	요구	ask, demand, require, request
명령	order, command	제안	suggest
충고	advise, recommend	결정	decide

083

it is necessary

뒤에 that절이 that S + (should) RV 구조인지 확인

· **It is necessary that** he closes the pool. X
· **It is necessary that** he (should) close the pool. O
그는 수영장을 닫을 필요가 있다.

Further Study

▶ 당위를 포함하는 이성적 판단의 형용사들

필수적인, 중요한 : essential, important, necessary
당연한, 마땅한 : advisable, desirable, natural

084

speak

목적어 앞에 전치사 to가 있는지 확인 to 생략 X

- We need to **speak** Sam's teacher about his grades. X
- We need to **speak** to Sam's teacher about his grades. O

우리는 Sam의 담임 선생님과 그의 성적에 대해 얘기할 필요가 있다.

수동태인 경우에도 전치사 to가 있는지 확인 to 생략 X

- A few people **were spoken** by him at the party. X
- A few people **were spoken** to by him at the party. O

파티에서 그는 몇 사람에게 말을 걸었다.

Further Study

▶ 전치사 없이 쓰이는 경우 : speak + 언어

He can **speak** English. O

그는 영어를 할 줄 안다.

085

say

간접목적어 앞에 전치사 to가 있는지 확인 4형식 X

- I always **said** my friend that I would buy a motorbike. X
- I always **said** to my friend that I would buy a motorbike. O

나는 오토바이를 살 거라고 친구에게 항상 말했다.

Further Study

▶ 4형식 같은 3형식 동사

say, explain, mention, suggest, announce + to + 사람 + 명사(구)(절)

086

tell

'말하다'라는 뜻의 동사 중 유일하게 4형식과 5형식 가능

- I **told** myself that I would make some changes. O

나는 약간의 변화를 줄 것이라고 스스로에게 말했다.

- I **told** her to focus on learning the basic skills. O

나는 그녀에게 기본 기술을 배우는 데 집중하라고 말했다.

Further Study

▶ 사람에게 ~을 말하다

talk/speak + to 사람 + about 명사(구)	[1형식]
say + to 사람 + 명사(구)(절)	[3형식]
tell + 사람 + 명사(구)(절)	[4형식]
tell + 사람 + to 부정사	[5형식]

087

convince

convince A of B 혹은 A be convinced of B로 썼는지 확인

· He **convinced** me of his innocence. O
그는 자신의 결백을 내게 확신시켰다.

· I **was convinced** of his innocence. O
나는 그의 결백을 확신했다.

convince A that절 혹은 A be convinced that절로 썼는지 확인

· He **convinced** me that he was innocent. O
그는 그가 무죄라고 나를 확신시켰다.

· I **convinced** that he was innocent. X

· I **was convinced** that he was innocent. O
나는 그가 무죄라고 확신했다.

088

inform

inform A of B 혹은 A be informed of B로 썼는지 확인

· I will **inform** you of any openings. O
빈자리가 있으면 알려 드리겠습니다.

· You will **be informed** of any openings. O
빈자리가 있으면 통지 받으실 겁니다.

inform A that절 혹은 A be informed that절로 썼는지 확인

· They **informed** us that an earthquake had happened. O
그들은 우리에게 지진이 발생했다고 알렸다.

· We **informed** that an earthquake had happened. X

· We **were informed** that an earthquake had happened. O
우리는 지진이 발생했다는 통지를 받았다.

089

remind

remind A of B 혹은 A be reminded of B로 썼는지 확인

- The movie **reminded** me of his family. O
  그 영화는 나에게 그의 가족을 상기시켰다.
- I **was reminded** of his family. O
  나는 그의 가족이 생각났다.

remind A that절 혹은 A be reminded that절로 썼는지 확인

- They **reminded** us that no smoking is allowed on this train. O
  그들은 우리에게 이 기차에서 담배를 피워서는 안 된다는 것을 상기시켰다.
- We **reminded** that no smoking is allowed on this train. X
- We **were reminded** that no smoking is allowed on this train. O
  우리는 이 기차에서 담배를 피워서는 안 된다는 것을 상기했다.

090

call

능·수동 확인 (뒤에 명사가 와도 수동의 가능성)

- Large cities have very tall buildings calling skyscrapers. X
- Large cities have very tall buildings called skyscrapers. O
  대도시에는 마천루라고 불리는 매우 높은 건물들이 있다.

091

refer

[refer to A as B] 구문에서

1 전치사 to와 as가 있는지 확인 to 생략 X, as 생략 X

- People often **refer to** Hawaii the Paradise of the Pacific. X
- People often **refer to** Hawaii as the Paradise of the Pacific. O
  사람들은 종종 하와이를 태평양의 낙원이라고 부른다.

2 수동태인 경우에도, 전치사 to와 as가 있는지 확인 to 생략 X, as 생략 X

- Hawaii **is** often **referred to** the Paradise of the Pacific. X
- Hawaii **is** often **referred to** as the Paradise of the Pacific. O
  하와이는 종종 태평양의 낙원으로 불린다.

092

regard

목적격 보어에 as 형/명이 왔는지 확인 as 생략 X

· She **regards** it an exception to the rule. X

· She **regards** it as an exception to the rule. O

그녀는 그것을 그 규칙의 예외라고 여긴다.

수동태인 경우에도 전치사 as가 있는지 확인 as 생략 X

· The pyramid **is regarded** one of the Seven Wonders of the World. X

· The pyramid **is regarded** as one of the Seven Wonders of the World. O

피라미드는 세계 7대 불가사의 중 하나로 간주된다.

093

think of

[think of A as B] 구문에서

1 전치사 of와 as가 있는지 확인 of 생략 X, as 생략 X

· I **think of** him my best friend. X

· I **think of** him as my best friend. O

나는 그를 가장 친한 친구라고 생각한다.

2 수동태인 경우에도 전치사 of와 as가 있는지 확인 of 생략 X, as 생략 X

· He **has** always **been thought as** a sensible person. X

· He **has** always **been thought** of **as** a sensible person. O

그는 항상 분별력 있는 사람으로 간주되어왔다.

Further Study

▶ A를 B로 간주하다

regard / think of / see / look (up)on	A as B	think / believe / find	A (to be) B

094

avoid

목적어에 동명사가 왔는지 확인 to RV X

- He's gone away to **avoid** to talk to her. X
- He's gone away to **avoid** talking to her. O

그는 그녀와 말하는 것을 피하기 위해 자리를 떠났다.

Further Study

▶ 동명사를 목적어로 취하는 동사

mind, enjoy, give up, avoid, practice, escape, finish + RVing

095

look forward to

전치사 to 뒤에 동명사가 왔는지 확인 원형부정사 X

- He was **looking forward to** return home. X
- He was **looking forward to** returning home. O

그는 집에 돌아가기만을 학수고대하고 있었다.

096

be busy

뒤에 동명사가 왔는지 확인 to RV X

- They **are busy** to prepare for the party. X
- They **are busy** preparing for the party. O

그들은 파티를 준비하느라 바쁘다.

Further Study

▶ ~하느라 바쁘다

be busy (in) RVing
be busy with 명사

097

spend

뒤에 '돈/시간 + (in) RVing'가 나왔는지 확인 to RV X

· I **spend** my spare time to draw pictures. X

· I **spend** my spare time (in) drawing pictures. O

나는 여유 시간을 그림 그리는 데 쓴다.

Further Study

▶ ~하는 데 돈/시간/노력을 쓰다

spend + 돈/시간/노력 + [(in) RVing / on 명사]

098

worth

뒤에 동명사가 왔는지 확인 to RV X

· It is difficult to find this tea, but it is **worth** to look for. X

· It is difficult to find this tea, but it is **worth** looking for. O

이 차를 구하는 것은 어려운 일이지만, 찾을 가치가 있다.

Further Study

▶ ~할 가치가 있다

be worth RVing
= be worthy of RVing
= be worthwhile to RV/RVing

동명사의 목적어가 주어로 오는 경우, 동명사의 목적어가 없는지 확인 목적어 중복 X

· This movie is certainly **worth** watching it. X

· This movie is certainly **worth** watching. O

이 영화는 분명히 볼 가치가 있다.

099

it is no use

뒤에 동명사가 왔는지 확인 to RV X

· It is no use to cry over spilt milk. X
· It is no use crying over spilt milk. O
= It is of no use to cry over spilt milk. O
우유를 엎지르고 울어봤자 소용없다.

Further Study

▶ ~해도 소용없다
It is no use[good] RVing
= It is of no use to RV
= There is no use (in) RVing

100

cannot help

뒤에 동명사가 왔는지 확인 to RV X

· She couldn't help to laugh when she saw it. X
· She couldn't help laughing when she saw it. O
그녀는 그것을 봤을 때, 웃을 수밖에 없었다.

Further Study

▶ ~하지 않을 수 없다
cannot help RVing
= cannot but RV
= have no choice[alternative] but to RV
= cannot choose[help] but RV

101

would rather

☑ 뒤에 원형부정사가 왔는지 확인 to RV X

- He **would rather** to stay home tonight. X
- He **would rather** stay home tonight. O

그는 오늘 밤에 집에 있는 게 낫다고 생각할 것이다.

Further Study

would rather RV : ~하는 것이 낫다
would rather not RV : ~하지 않는 것이 낫다

☑ would rather RV than RV 구조로 쓰였는지 확인 to RV X

- I **would rather** keep silent **than** to do such mean things. X
- I **would rather** keep silent **than** do such mean things. O

나는 그런 비열한 짓을 할 바에야 차라리 침묵하겠다.

102

had better

☑ 뒤에 원형부정사가 왔는지 확인 to RV X

- He**'d better** to phone Julie to say he'll be late. X
- He**'d better** phone Julie to say he'll be late. O

그는 Julie에게 전화해서 늦을 거라고 말하는 것이 더 좋겠다.

Further Study

had better RV : ~하는 것이 낫다
had better not RV : ~하지 않는 것이 낫다

103

prefer

☑ 비교 대상이 없는 경우, 목적어로 to RV와 동명사 모두 가능

- She **prefers** to travel by train. O
- She **prefers** travelling by train. O

그녀는 기차로 여행하는 것을 좋아한다.

☑ 비교 대상이 있는 경우, 뒤에 'RVing to RVing' 또는 'to RV (rather) than (to) RV' 구조인지 확인

- I **prefer** to reading a book **than** to playing football. X
- I **prefer** reading a book **to** playing football. O
- I **prefer** to read a book **(rather) than** (to) play football. O

나는 축구를 하는 것보다 책을 읽는 것을 좋아한다.

104

superior

뒤에 전치사 to가 있는지 확인 than X

· She always acts **superior than** everyone else. X
· She always acts **superior to** everyone else. O
그녀는 항상 다른 누구보다도 더 뛰어나게 행동한다.

비교되는 두 대상의 급이 맞는지 확인

· **His intelligence** is superior to **his peers**. X
· **His intelligence** is superior to **that of his peers**. O
그의 지능은 그의 또래들의 지능보다 뛰어나다.

(by) far/even/much/still/a lot으로 수식했는지 확인 very X, more X

· For a significant theory, two tests are very **superior** to one. X
· For a significant theory, two tests are more **superior** to one. X
· For a significant theory, two tests are far **superior** to one. O
중요한 학설에 관해서는, 한 번보다는 두 번의 테스트가 훨씬 낫다.

105

the 비교급, the 비교급

the가 양쪽에 있는지 확인

· **The more** friends you have, **happier** you are. X
· **The more** friends you have, the **happier** you are. O
친구가 많을수록, 더 행복하다.

비교급이 쓰였는지 확인 최상급 X, 원급 X

· **The more** friends you have, **the** happiest you are. X
· **The more** friends you have, **the** happier you are. O
친구가 많을수록, 더 행복하다.

the + 형용사나 부사의 비교급이 주어보다 앞에 있는지 확인

· **The more** it is dangerous, the more I want to do it. X
· **The more** dangerous it is, the more I want to do it. O
위험할수록 나는 그 일이 더 하고 싶어진다.

106

other

[비교급 + than any other + 단수 명사] 구문에서

1 뒤에 단수 명사가 왔는지 확인 복수 명사 X

· Mary is **taller than any other** girls in the class. X

· Mary is **taller than any other** girl in the class. O

Mary는 반의 다른 어떤 소녀보다 키가 크다.

2 최상급으로 해석되는지 확인

· Water is more important than **any other thing.** O

· Water is as important as **any other thing.** O

물은 다른 어느 것보다 더 중요하다.

+ Further Study

▶ 다른 어느 ~보다 더 ~하다

more ~ than[as ~ as] + ┌ any other + 단수 명사
└ all the other + 복수 명사

뒤에 복수 명사가 왔는지 확인

· Collecting **other** clue is a top priority. X

· Collecting **other** clues is a top priority. O

다른 단서들을 수집하는 것이 최우선이다.

cf 'other + 단수 명사'가 가능한 예외적 표현들

- 비교급 + than any other + 단수 명사
- no other + 단수 명사
- 한정사 + other + 단수 명사

107

another

뒤에 '단수 명사 + 단수 동사'가 왔는지 확인 복수 명사 X, 복수 동사 X

· **Another** ways to communicate are through facial expressions. X

· **Another** way to communicate is through facial expressions. O

의사소통을 하는 또 다른 방법은 얼굴 표정을 통해서이다.

another vs the other

여럿 중 두 개의 대상을 언급하는 경우에는 one과 another를, 단 두 개의 대상을 차례로 언급하는 경우에는 one과 the other를 써야 한다.

· In U.S., one side of a coin is called 'heads' and another side is called 'tails.' X

· In U.S., one side of a coin is called 'heads' and the other side is called 'tails.' O

미국에서 동전의 한쪽은 '머리'라고 불리고 다른 한쪽은 '꼬리'라고 불린다.

hardly

[Hardly + had + S + p.p. + when/before + S + 과거] 구문에서

1 hardly가 문두에 오는 경우, 주어와 동사의 도치 확인

- **Hardly** she had sat down **when** the phone rang. X
- **Hardly** had she sat down **when** the phone rang. O

  그녀가 앉자마자 전화벨이 울렸다.

2 hardly 다음에 과거완료시제인지 확인 과거시제 X

- **Hardly** did he see me **when** he ran away. X
- **Hardly** had he seen me **when** he ran away. O

  그는 나를 보자마자 달아났다.

3 상관어구가 when/before인지 확인 than X

- **Hardly** had I got in the house than it started raining. X
- **Hardly** had I got in the house when it started raining. O

  내가 집에 들어오자마자 비가 내리기 시작했다.

Further Study

▶ A하자마자 B하다

- Hardly **A[과거완료]** when/before **B[과거]**
- Scarcely **A[과거완료]** when/before **B[과거]**
- No sooner **A[과거완료]** than **B[과거]**
- As soon as **A[과거]** **B[과거]**

그가 자리에 앉자마자 전화가 울렸다.

→ Hardly/Scarcely had he sat down when/before the phone rang. O
→ No sooner had he sat down than the phone rang. O
→ As soon as he sat down, the phone rang. O

not이나 never가 없는지 확인 부정어 중복 X

- I could **hardly** not know the people I'm working with. X
- I could **hardly** know the people I'm working with. O

  나는 나와 함께 일하고 있는 사람들을 거의 모른다.

hard와 구별

- He hardly studied for the exam. O

  그는 시험공부를 거의 하지 않았다.

- He studied hard for the exam. O

  그는 시험을 위하여 열심히 공부하였다.

Further Study

- hardly : ㉾ 거의 ~않다
- hard : ㉾ 단단한; 힘든 ㉾ 열심히

109

not until

☑ 문두에 오는 경우, 주어와 동사의 도치 확인

- **Not until** yesterday I learned the news. X
- **Not until** yesterday did I learn the news. O

어제가 되어서야 나는 그 소식을 알게 됐다.

+ Further Study

▶ A하고 나서야 비로소 B하다[했다]

- Not until A B
- It is[was] not until A that B
- not B until A

그는 스물이 되고 나서야 비로소 글을 쓰기 시작했다.

→ **Not until** he was twenty did he start to write. O
→ It was **not until** he was twenty that he started to write. O
→ He did **not** start to write **until** he was twenty. O

110

under[in] no circumstances

☑ 문두에 오는 경우, 주어와 동사의 도치 확인

- **Under[In] no circumstances** a student can enter the room. X
- **Under[In] no circumstances** can a student enter the room. O

어떠한 경우에도 학생은 이 방에 들어갈 수 없다.

☑ not이나 never가 없는지 확인 부정어 중복 X

- **Under[In] no circumstances** can't a student enter the room. X
- **Under[In] no circumstances** can a student enter the room. O

어떠한 경우에도 학생은 이 방에 들어갈 수 없다.

111

not only A but (also) B

☑ 문두에 오는 경우, not only 뒤에 주어와 동사의 도치 확인

- **Not only** he let himself down, **but** he let his team down. X
- **Not only** did he let himself down, **but** he let his team down. O

그는 자기 자신뿐만 아니라 그의 팀도 실망시켰다.

☑ 주어 자리에 오는 경우, B에 수일치했는지 확인 A에 수일치 X

- **Not only** you **but also** he are responsible for it. X
- **Not only** you **but also** he is responsible for it. O

당신뿐만 아니라 그도 그것에 책임이 있습니다.

+ Further Study

▶ A뿐만 아니라 B도

- not only A but also B : B에 수일치
- B as well as A : B에 수일치

112

only + 부사

☑ 문두에 오는 경우, 주어와 동사의 **도치** 확인

· **Only then** she told him about the accident. X
· **Only then** did she tell him about the accident. O
그때서야 그녀는 그에게 그 사고에 대해 말했다.

+ Further Study

▶ only가 형용사로 쓰이면 도치가 발생하지 않는다.
Only can you solve the problem which we can't solve. X
Only you can solve the problem which we can't solve. O
오직 너만이 우리가 못 푸는 그 문제를 풀 수 있다.

113

among/under/on

☑ 문두에 오고 1형식 자동사인 경우, 주어와 동사의 **도치** 가능 (**수일치**에 유의)

· **On** the table was two bottles of wine. X
· **On** the table were two bottles of wine. O
테이블 위에 와인 2병이 있었다.

cf 주어가 대명사인 경우, 도치되지 않는다.

114

it is thoughtful

☑ 뒤에 **of + 목적격**이 왔는지 확인 for + 목적격 X

· **It was** really **thoughtful** for you to remember my birthday. X
· **It was** really **thoughtful** of you to remember my birthday. O
네가 내 생일을 기억해준 것은 정말로 사려 깊은 일이었어.

+ Further Study

▶ 의미상 주어가 'of 목적격'인 사람의 성격을 나타내는 형용사들

kind 친절한	wise 현명한	thoughtful 사려 깊은	considerate 사려 깊은
stupid 어리석은	foolish 멍청한	cruel 잔인한	rude 무례한

115

the + 형용사

☑ 복수 동사로 수일치되었는지 확인 단수 동사X

· The wealthy is particularly fearful of social unrest. X

· The wealthy are particularly fearful of social unrest. O

부자들은 특히 사회적 동요를 두려워한다.

☑ '~하는 사람들'로 해석되는 경우, 형용사가 왔는지 확인 명사X, 부사X

· The wealth have much influence over politics. X

· The wealthy have much influence over politics. O

부자들은 정치에 많은 영향을 끼친다.

Further Study

▶ 시험에 자주 출제되는 〈the + 형용사〉 표현

the young 젊은이들	the old[elderly] 노인들
the poor 가난한 사람들	the rich[wealthy] 부자들
the blind 시각 장애인들	the wounded[injured] 부상자들

116

of + 추상명사

☑ of 뒤에 명사가 있는지 확인

· This project is of great important to us. X

· This project is of great importance to us. O

이 계획은 우리에게 매우 중요하다.

Further Study

▶ of + 추상명사 = 형용사

of ability = able 유능한	of importance = important 중요한
of use = useful 유용한	of value = valuable 가치 있는
of help = helpful 도움 되는	of interest = interesting 흥미로운

117

borrow/lend

☑ borrow는 '빌리다'라는 의미의 3형식으로 쓰였는지 확인 4형식X

· I asked them to borrow me ten dollars. X

· I asked them to lend me ten dollars. O

나는 그들에게 10달러를 빌려달라고 부탁했다.

☑ lend는 '빌려주다'라는 의미의 3·4형식으로 둘 다 가능

· Do not lend them the money. O

· Do not lend the money to them. O

그들에게 돈을 빌려주지 마세요.

118

accuse

☑ 뒤에 A of B가 왔는지 확인

- His children have **accused** their father for neglect. X
- His children have **accused** their father of neglect. O

그의 아이들은 아버지의 태만에 대해 비난했다.

Further Study

- accuse A of B : A를 B에 대해 비난[기소]하다 (→ A be accused of B)
- charge A with B : A를 B에 대해 비난[고발]하다 (→ A be charged with B)
- blame A for B : A를 B에 대해 비난하다
- criticize A for B : A를 B에 대해 비난하다

119

suppose

☑ '~하기로 되어 있다'를 의미하는 경우 be supposed to RV 형태인지 확인

- The man who supposed to be present is absent. X
- The man who was supposed to be present is absent. O

참석하기로 되어 있는 그 사람이 참석하지 않았다.

120

provided/ providing (that) S + V

☑ 분사형 접속사로, provided/providing 모두 가능

- Provided (that) you give me a discount, I will buy it. O

할인해 주신다면, 제가 그것을 사겠습니다.

- Providing (that) we have the money, we'll travel to Europe. O

우리에게 돈이 생긴다면, 유럽으로 여행을 떠날 것이다.

☑ 조건 부사절로 쓰인 경우, 현재시제인지 확인 미래시제 X

- You can go home **provided that** the assignment will be finished. X
- You can go home **provided that** the assignment is finished. O

너는 과제가 다 끝나면 집에 갈 수 있다.

Further Study

providing (that) S + V = provided (that) S + V : ~라고 가정한다면

실무 중심 어휘

업무

□□□
0001
public official

공무원

Some **public officials** criticized the cuts to after-school programs.
일부 공무원들은 방과 후 프로그램 삭감을 비판했다.

□□□
0002
civil service

명 **① 공무, 행정 사무, 공무원 ② 공무원 제도**

Teachers are dedicated members of the vital **civil service**.
교사는 필수 공무의 헌신적인 구성원이다.

□□□
0003
workforce
[wə́ːrkfɔ̀ːrs]

명 **① 노동자, 직원 ② 노동 인구**

Hospitals struggle to maintain adequate staffing due to a decreasing healthcare **workforce**.
병원은 의료 인력 감소로 인해 적절한 인력을 유지하는 데 어려움을 겪고 있다.

□□□
0004
workload
[wə́ːrkloud]

명 **업무량, 작업량**

The project deadlines created a heavy **workload** for the team.
프로젝트 마감 기한으로 인해 팀에 과중한 업무량이 발생했다.

□□□
0005
quota
[kwóutə]

명 **몫, 할당량**

The sales team exceeded their monthly **quota**.
영업팀이 월별 할당량을 초과했다.

□□□
0006
paperwork
[péipərwə̀ːrk]

명 **서류 (작업), 문서 업무**

Please submit the **paperwork** by Friday.
금요일까지 서류를 제출해 주세요.

□□□
0007
spreadsheet
[sprédʃìːt]

명 **스프레드시트, 데이터문서**

Create a budget using a **spreadsheet**.
스프레드시트를 사용하여 예산안을 짜세요.

□□□
0008

documentation

[dàkjumentéiʃən]

명 ① 서류 ② 기록, 문서화

You will need proper **documentation** to prove your eligibility for benefits.

수혜 자격을 증명할 수 있는 적절한 서류가 필요해요.

□□□
0009

associated materials

관련 자료

Download the permit application and **associated materials** from the government website.

정부 웹사이트에서 허가 신청서 및 관련 자료를 다운로드하세요.

□□□
0010

directory

[diréktəri]

명 ① (이름·주소 등의 관련 정보를 보통 알파벳순으로 나열한) 안내 책자 ② (컴퓨터의) 디렉터리

The website has a searchable employee **directory**.

그 웹사이트에는 검색 가능한 직원 디렉터리가 있다.

□□□
0011

brainstorm

[bréinstɔ̀ːrm]

동 아이디어를 생각해 내다

They **brainstormed** solutions to improve the work efficiency.

그들은 업무 효율성을 개선할 해결책을 위한 아이디어를 생각해 냈다.

□□□
0012

authorize

[ɔ́ːθəràiz]

동 승인하다, 권한을 주다

The city council **authorized** funding for the new park project.

시 의회는 새로운 공원 프로젝트에 대한 자금 지원을 승인했다.

□□□
0013

confirmation

[kànfərméiʃən]

명 확인(서), 확증

We are awaiting **confirmation** of your attendance at the upcoming meeting.

저희는 다가오는 회의에 귀하의 참석 확인을 기다리고 있습니다.

□□□
0014

revision

[rivíʒən]

명 수정, 개정

The building plans require **revision** to comply with new safety regulations.

새로운 안전 규정을 준수하기 위해 건물 계획을 수정해야 한다.

□□□
0015

agenda
[ədʒéndə]

명 **의제, 안건**

Please review the **agenda** for tomorrow's meeting beforehand.
내일 회의 안건을 미리 검토해 주세요.

□□□
0016

commence
[kəméns]

동 **시작되다, 시작하다**

The new construction project **commences** next quarter.
새 건설 프로젝트는 다음 분기에 시작된다.

□□□
0017

file
[fail]

동 **① (서류·신청·고소 등을) 정식으로 제기하다, 제출하다**
② (서류를) 정리하다, 철하다

명 **서류**

Please **file** your application by the deadline to participate in the program.
프로그램에 참여하려면 마감일까지 신청서를 제출하세요.

□□□
0018

offset
[ɔ́:fsèt]

동 **상쇄하다, 보충하다**

Increased efficiency helps **offset** employee shortages.
상승된 효율성은 직원 부족을 상쇄하는 데 도움이 된다.

□□□
0019

audit
[ɔ́:dit]

명 **회계 감사, 심사** 동 **(회계를) 감사하다**

An internal **audit** found small differences in accounts.
내부 감사 결과, 계정에서 사소한 불일치가 발견되었다.

□□□
0020

overview
[óuvərvjù]

명 **개요, 개관**

The presentation provides an **overview** of the marketing plan.
그 프레젠테이션은 마케팅 계획에 대한 개요를 제공한다.

□□□
0021

introductory
[intrədʌ́ktəri]

형 **① 서두의, 입문의 ② 출시 기념의**

Download the **introductory** chapter for free.
서두의 챕터를 무료로 다운로드하세요.

□□□
0022

demanding
[dimǽndiŋ]

형 **① 힘든, 버거운 ② 요구가 많은**

The new role is **demanding**, requiring strong problem-solving skills.
새로운 역할은 강력한 문제 해결 능력을 필요로 하는 힘든 자리이다.

□□□
0023
optimal
[áptəməl]

형 **최적의, 최선의**

Schedule meetings for **optimal** team participation.
최적의 팀 참여를 위한 회의 일정을 잡으세요.

□□□
0024
in-depth
[índèpθ]

형 **심층적인, 깊이 있는**

We offer **in-depth** training on the new software.
저희는 새로운 소프트웨어에 대한 심층적인 교육을 제공합니다.

□□□
0025
periodically
[pìəriádikəli]

부 **정기적으로, 주기적으로**

Backups are performed **periodically** to avoid data loss.
데이터 손실을 방지하기 위해 백업이 주기적으로 수행된다.

□□□
0026
proofread
[prúːfriːd]

동 **교정보다**

It's essential to **proofread** your work carefully.
당신의 작업물을 꼼꼼하게 교정보는 것은 필수이다.

□□□
0027
have yet to RV

아직 -해야 한다, 아직 -하고 있지 않다

The library **has yet to** announce the reopening date after renovations.
도서관은 보수 후 재개관 날짜를 아직 발표하지 않았다.

□□□
0028
inventory
[ínvəntɔ̀ːri]

명 **① 재고 조사, 재고 정리 ② 재고(품)**

They conduct a physical **inventory** count at the end of the month.
그들은 월말에 실제 재고 조사를 실시한다.

□□□
0029
representative
[rèprizéntətiv]

명 **① 대표자, (정부의) 해외 대표 ② 법률상의 대표자**
형 **① 상징하는 ② 대표하는**

Residents meet with their local **representatives** to discuss traffic concerns.
주민들은 지역 대표와 만나 교통 문제를 논의한다.

□□□
0030
setup
[sétʌ̀p]

명 **① 구성, 장치, 설치 ② (조직 등의) 기구, 구조, 조직**

The **setup** of the online meeting platform was easy and user-friendly for all participants.
온라인 회의 플랫폼의 구성은 모든 참가자에게 쉽고 사용자 친화적이었다.

□□□
0031

target

[tά:rgit]

동 -을 목표로 정하다 명 ① 과녁 ② 목표

The library's new program **targets** children with limited access to books.

도서관의 신규 프로그램은 책에 대한 접근성이 낮은 어린이들을 대상으로 한다.

□□□
0032

expansion

[ikspǽnʃən]

명 확장, 확대, 증대

The university announced the **expansion** of online learning opportunities.

대학은 온라인 학습 기회 확대를 발표했다.

□□□
0033

lease

[li:s]

동 (부동산·장비 등을) 임대[임차]하다 명 임대차 계약

The company is considering **leasing** office space in a high-rise building downtown.

이 회사는 시내의 고층 빌딩에 사무실 공간을 임대하는 것을 고려하고 있다.

□□□
0034

timekeeping

[tάimki:piŋ]

명 ① 시간 엄수 ② 시간 기록

Fire stations require strict **timekeeping** for emergency response.

소방서에서는 비상 대응을 위해 엄격한 시간 준수를 요구한다.

□□□
0035

track

[træk]

동 추적하다 명 ① 궤도, 경로 ② 기록

Project management tools help you **track** tasks and deadlines.

프로젝트 관리 도구는 작업과 마감일을 추적하는 데 도움이 된다.

□□□
0036

follow up with

-을 덧붙이다

We'll **follow up with** more details soon.

자세한 내용은 곧 덧붙여 드릴게요.

□□□
0037

specialize in

-을 전문으로 하다

The doctor **specializes in** treating sports injuries for athletes.

그 의사는 운동선수의 스포츠 부상을 전문으로 치료한다.

0038

credential

[kridénʃəl]

명 ① 신용 증명서, 신임장, 자격 증명서 ② 업적, 경력
형 신용 증명이 되는

A teacher's **credential** is required to teach in a public school.
공립학교에서 가르치려면 교사 자격 증명서가 필요하다.

0039

publicity

[pʌblísəti]

명 ① 매스컴의 관심, 주목 ② 홍보

The local park renovation project has received positive **publicity** in the news media.
지역 공원 개선 프로젝트가 언론에서 긍정적인 주목을 받았다.

0040

census

[sénsəs]

명 인구 조사

The national **census** is conducted every ten years to gather population data.
인구 데이터를 수집하기 위해 10년마다 인구 조사가 실시된다.

0041

focus group

포커스 그룹(시장 조사나 여론 조사를 위해 각 계층을 대표하도록 뽑은 소수의 사람들)

Government agency uses **focus groups** to understand public opinion on proposed policy.
정부 기관에서는 제안된 정책에 대한 여론을 파악하기 위해 포커스 그룹을 이용한다.

0042

on-site inspection

현장 점검

The health department conducted an **on-site inspection** of the restaurant kitchen.
보건당국은 식당 주방에 대한 현장 점검을 실시했다.

0043

resolution

[rèzəlúːʃən]

명 ① 해상도 ② 해결 ③ 결심, 결정

Would you be able to send the image in its original **resolution**?
이미지를 원본 해상도로 전송해 주실 수 있나요?

0044

statement

[stéitmənt]

명 ① 명세서 ② 성명서

The company released a **statement** apologizing for the product recall.
회사는 제품 리콜에 대해 사과하는 성명서를 발표했다.

□□□
0045

pilot test

시범 테스트

A **pilot test** of the new recycling program is underway in two selected neighborhoods.
새로운 재활용 프로그램의 시범 테스트가 선별된 두 지역에서 진행 중이다.

□□□
0046

markedly

[mɑ́:rkidli]

부 현저하게, 두드러지게

Public trust in the government has **markedly** declined.
정부에 대한 대중의 신뢰가 현저히 떨어졌다.

□□□
0047

overly

[óuvərli]

부 지나치게, 너무

The report highlights the need for a more **overly** efficient waste management system.
이 보고서는 보다 효율적인 폐기물 관리 시스템의 필요성을 지나치게 강조한다.

□□□
0048

persistently

[pərsístəntli]

부 지속적으로, 고집스럽게

The community **persistently** protested against the proposed environmental project.
그 지역사회는 제안된 환경 프로젝트에 대해 지속적으로 항의했다.

□□□
0049

given

[gívən]

전 -을 고려해 볼 때

The project remains on track, **given** recent developments.
최근의 상황을 고려할 때 프로젝트는 순조롭게 진행되고 있다.

□□□
0050

in light of

-에 비추어, -을 고려하여

New safety protocols were implemented **in light of** recent incidents.
최근 발생한 사건을 고려하여 새로운 안전 프로토콜이 도입되었다.

인사·평가·규정

□□□
0051

job posting

채용 공고

Review our **job postings** to see if any opportunities match your qualifications.
당신의 지원 자격에 맞는 기회가 있는지 확인하기 위해 채용 공고를 검토하세요.

☐☐☐
0052
cover letter

자기소개서

A strong **cover letter** can help your résumé stand out from the competition.
강력한 자기소개서는 당신의 이력서를 경쟁에서 돋보이게 하는 데 도움이 될 수 있다.

☐☐☐
0053
portfolio
[pɔːrtfóuliòu]

명 ① 포트폴리오 ② 투자 자산 구성

The applicant submitted an impressive **portfolio** demonstrating his writing skills.
지원자는 자신의 글쓰기 실력을 입증하는 인상적인 포트폴리오를 제출했다.

☐☐☐
0054
school transcript

성적 증명서

Submit your official **school transcript** along with your college application.
대학 지원서와 함께 공식 성적 증명서를 제출하세요.

☐☐☐
0055
reference letter

추천서

A positive **reference letter** from your previous employer can be very helpful.
당신의 이전 고용주의 긍정적인 추천서가 큰 도움이 될 수 있다.

☐☐☐
0056
background check

신원 조사

All childcare workers are required to undergo a thorough **background check** for safety.
모든 보육교사는 안전을 위해 철저한 신원 조회를 거쳐야 한다.

☐☐☐
0057
onboarding
[ɑːnbɔ́ːrdiŋ]

명 신입사원 적응 프로그램, 신입 교육

The hospital implements efficient **onboarding** process for new nurses.
이 병원은 신규 간호사를 위한 효율적인 신입 교육 프로세스를 시행한다.

☐☐☐
0058
OJT (on-the-job training)

명 사내 교육, 현장 직무 교육

cf on-the-job experience (실무 능력)

She gained valuable experience through her **OJT** internship.
그녀는 사내 교육 인턴십을 통해 소중한 경험을 쌓았다.

☐☐☐
0059
work ethic

직업 윤리

This program builds a strong **work ethic** in future leaders.
이 프로그램은 미래의 리더에게 강력한 직업 윤리를 심어 준다.

☐☐☐
0060
full-time
[fùl táim]

명 정규직 형 전 시간 근무의

We are searching for a **full-time** accountant to join our growing team.
우리는 우리의 성장하는 팀에 합류할 정규직 회계사를 찾고 있다.

☐☐☐
0061
paid position

유급직

This internship is a **paid position** that provides valuable work experience.
이 인턴십은 귀중한 업무 경험을 제공하는 유급직이다.

☐☐☐
0062
contract position

계약직

The department is seeking to fill a **contract position** for a data analyst.
해당 부서에서는 계약직 데이터 분석가를 구하고 있다.

☐☐☐
0063
employment agreement

고용 계약(서), 취업 동의서

The **employment agreement** details the terms and conditions of the position.
고용 계약서에는 해당 직책의 조건이 자세히 설명되어 있다.

☐☐☐
0064
unemployment
[ʌnimplɔ́imənt]

명 실업, 실직 (상태)

The **unemployment** rate has been steadily decreasing over the past year.
지난 1년 동안 실업률은 꾸준히 감소하고 있다.

☐☐☐
0065
turnover
[tə́ːrnòuvər]

명 ① 이직률 ② 총매상고 ③ 거래액

The high **turnover** made it difficult to attract talented individuals.
높은 이직률로 인해 유능한 인재를 끌어모으기 어려웠다.

☐☐☐
0066
attire
[ətáiər]

명 복장, 옷차림새

Business **attire** is preferred for interviews.
면접에는 비즈니스 복장 착용이 권장된다.

0067

dress code

복장 규정

cf code (규범, 관례, 암호)

The office enforces a business casual **dress code** for employees.
그 사무실은 직원들을 위해 비즈니스 캐주얼 복장 규정을 시행하고 있다.

0068

head

[hed]

명 우두머리, 책임자 동 ① 책임지다 ② 향하다

She was appointed as the **head** of the new project team.
그녀는 새로운 프로젝트팀의 책임자로 임명되었다.

0069

management

[mǽnidʒmənt]

명 ① 경영, 관리 ② 경영진

Effective **management** is crucial for the success of any organization.
효과적인 관리는 모든 조직의 성공을 위해 매우 중요하다.

0070

administrative

[ædmínəstrèitiv]

형 행정의, 관리의

Please submit your travel expense report through the **administrative** portal.
관리 포털을 통해 출장 경비 보고서를 제출하세요.

0071

committee

[kəmíti]

명 위원회

The budget **committee** approved funding for the community center project.
예산 위원회는 지역 문화 센터 프로젝트에 대한 자금을 승인했다.

0072

monitor

[mánətər]

동 감독하다, 감시하다, 검토하다 명 화면, 모니터

In a corporate context, feedback is essential for **monitoring** progress.
기업에서 피드백은 진행 상황을 감독하는 데 필수적이다.

0073

in-house

[ínhaus]

형 사내의 부 사내에서

The department established an **in-house** committee to address employee concerns.
이 부서는 직원들의 우려 사항을 해결하기 위해 사내 위원회를 설립했다.

0074

exemplary

[igzémpləri]

형 모범적인, 본보기가 되는

The employee received an **exemplary** performance review.
그 직원은 모범적인 성과 평가를 받았다.

□□□
0075

disciplinary

[dísəplənèri]

형 ① 훈련상의, 훈육의 ② 규율상의, 징계의

Public service worker is suspended after failing a **disciplinary** review.

공무원은 징계 심의에 통과하지 못 하면 정직 처분을 받는다.

□□□
0076

career advancement

승진

Taking additional courses can help with **career advancement** opportunities.

추가 과정을 수강하면 승진 기회에 도움이 될 수 있다.

□□□
0077

relocate

[riːlóukeit]

동 이전하다, 이동하다

They will **relocate** its headquarters to a new city.

그들은 본사를 신도시로 이전할 예정이다.

□□□
0078

marital status

결혼 여부, 배우자 관계

The application does not ask about your **marital status**, only your qualifications.

지원서에는 결혼 여부는 묻지 않고 자격만 묻는다.

□□□
0079

maternity leave

출산 휴가, 육아 휴직

cf (남성에게 주어지는) paternity leave, (부부에게 주어지는) parental leave

She is currently on **maternity leave** from work to care for her newborn baby.

현재 갓 태어난 아기를 돌보기 위해 휴직 중이다.

□□□
0080

payroll

[péiroul]

명 ① 임금 대장, 급료 명부 ② 급료 총액

The company has to increase its total **payroll** as the minimum wage goes up.

그 회사는 최저임금이 인상되면서 급여 총액을 늘려야 했다.

재정·계약

□□□
0081

fiscal

[fískəl]

형 재정의, 회계의

We are holding a meeting to discuss **fiscal** year budget proposals.

저희는 회계연도 예산안을 논의하기 위한 회의를 열고 있어요.

0082
deficit
[défəsit]

명 **적자, 결손**

Trade **deficit** worsens, impacting currency value.
무역 적자가 악화되어 통화 가치에 영향을 미친다.

0083
by check

수표로

cf by credit card (신용카드로), by/in cash (현금으로)

Payment can be made **by check**, cash, or credit card.
결제는 수표, 현금, 또는 신용카드로 할 수 있어요.

0084
credit card statement

신용 카드 명세서

Review **credit card statements** to verify purchases made with company-issued cards.
회사에서 발급한 카드로 구매한 내역을 확인하기 위해 신용카드 명세서를 검토하세요.

0085
installment
[instɔ́:lmənt]

명 **할부**

cf down payment (계약금, 첫 할부금)

He paid for the furniture in monthly **installments**.
그는 가구를 매달 할부로 결제했다.

0086
balance
[bǽləns]

명 **① 잔고, 잔액 ② 균형 상태** 동 **균형을 잡다**

cf settle balance (잔금을 결제하다)

Call the tax office to discuss payment options for your remaining tax **balance**.
세무서에 전화하여 남은 세금 잔액에 대한 납부 옵션을 논의하세요.

0087
at no charge

무료로

cf at no extra charge (추가 비용 없이)

We offer free shipping on all orders **at no charge**.
저희는 모든 주문에 대해 무료 배송 서비스를 제공합니다.

0088
wire transfer

송금

You can submit your tax payment quickly and securely via **wire transfer**.
송금을 통해 빠르고 안전하게 세금을 납부하실 수 있습니다.

0089
subcontract
[sʌbkάntræ̀kt]

명 하청 계약 동 하청을 주다

The **subcontract** for the landscaping will be signed next week.
조경 하청 계약은 다음 주에 체결될 예정이다.

0090
outsource
[àutsɔ́:rs]

동 외부에 위탁하다

The agency is considering **outsourcing** the maintenance of its facilities.
그 기관은 시설 유지 관리를 외부에 위탁하는 것을 고려하고 있다.

0091
transaction
[trænsǽkʃən]

명 ① 거래 ② 처리, 집행

Purchase tickets online for a convenient, contactless **transaction**.
편리한 비대면 거래를 위해 온라인으로 티켓을 구매하세요.

0092
bid
[bid]

명 입찰

Several companies submitted **bids** for the construction project, pushing the final price down.
여러 회사가 건설 프로젝트에 입찰을 제출하여 최종 가격을 낮췄다.

0093
signature
[signətʃər]

명 ① 서명 ② 특징

A **signature** may be required upon pickup of important documents from government offices.
관공서에서 중요한 서류를 수령할 때 서명이 필요할 수도 있다.

0094
renewal
[rinú:əl]

명 갱신, 재개발

Negotiations for the contract **renewal** are currently underway.
현재 계약 갱신을 위한 협상이 진행 중이다.

0095
expiration date

① (계약서 등의) 만기 날짜 ② (식품의) 유효 기간

The **expiration date** of the contract is approaching, prompting us to review renewal options.
계약 만료일이 다가오고 있어 저희는 갱신 옵션을 검토해야 합니다.

0096

early termination fee

중도 해지 수수료

Be aware of **early termination fees** before canceling your membership.

멤버십을 해지하기 전에 조기 해지 수수료에 유의하세요.

0097

compensation

[kàmpənséiʃən]

명 **보상(금), 배상**

The government provides **compensation** to individuals affected by natural disasters.

정부는 자연재해로 피해를 입은 개인에게 보상을 제공한다.

0098

operating fund

운영 기금

The library board is asking for more money to fill up their **operating fund** again.

도서관 이사회에서 운영 기금을 보충하기 위해 추가 자금을 요청하고 있다.

0099

beneficiary

[bènəfíʃièri]

명 **수혜자, 수익자, 수취인**

The child will inherit the money as the named **beneficiary** in the will.

자녀가 유언장에 명시된 수혜자로 유산을 상속받게 될 것이다.

0100

fine

[fain]

명 **벌금** 동 **벌금을 부과하다** 형 **① 좋은 ② 미세한**

The judge issued a **fine** of $100 for littering in the park.

판사는 공원 쓰레기 투기에 100달러의 벌금을 부과했다.

행사

0101

convention

[kənvénʃən]

명 **회의, 대회**

Delegates from all member states are invited to attend the upcoming **convention**.

모든 회원국의 대표단은 다가오는 대회에 참석할 수 있도록 초대받는다.

0102

exposition

[èkspəzíʃən]

명 **① 박람회, 전시회 ② 설명**

The museum exhibit features an **exposition** exploring the history of ancient civilizations.

박물관 전시관에서는 고대 문명의 역사를 살펴볼 수 있는 전시회가 열린다.

0103

recital

[risáitl]

명 ① 연주회 ② 암송, 낭독

The talented young musician is preparing for her piano **recital** next week.

재능 있는 젊은 음악가는 다음 주 피아노 독주회를 준비하고 있다.

0104

farewell gathering

환송 모임, 송별회

A **farewell gathering** was held to honor the retiring director for his years of dedicated service.

퇴임하는 이사의 헌신적인 노고를 기리기 위한 송별회가 열렸다.

0105

outreach program

지원 활동, 구제 활동

Public **outreach programs** strive to educate and connect with the community.

공공 지원 활동은 지역 사회를 교육하고 소통하기 위해 노력한다.

0106

reunion

[riːjúːnjən]

명 ① 친목회, 모임, 동창회 ② 재회, 재통합

Ex-colleagues planned their office **reunion**.

전직 동료들이 회사 모임을 계획했다.

0107

alumni

[əlʌ́mnai]

명 동창생들, 졸업생들

The company launched a mentorship program for **alumni**.

그 회사는 졸업생들을 위한 멘토링 프로그램을 시작했다.

0108

banquet

[bǽŋkwit]

명 연회, 만찬

She delivered a moving speech at the **banquet**.

그녀는 연회에서 감동적인 연설을 했다.

0109

book

[buk]

동 예약하다 명 책

Tickets for the upcoming community event can be **booked** starting next Monday.

다가오는 지역사회 행사 티켓은 다음 주 월요일부터 예약할 수 있다.

□□□ 0110

registration
[rèdʒistréiʃən]

명 등록, 접수

To participate in the competition, complete **registration** online before the deadline.
대회에 참가하려면 마감일 전에 온라인으로 등록을 완료하세요.

□□□ 0111

keynote
[kí:nout]

명 기조, 요지

Keynote speaker delivered an inspiring address on leadership strategies.
기조연설자는 리더십 전략에 대한 인상적인 연설을 했다.

□□□ 0112

showcase
[ʃóukeis]

동 전시하다, 소개하다

The city's signature festival will **showcase** local cultural performances and art installations.
이 도시의 대표적인 축제에서는 지역 문화 공연과 예술 설치 작품을 선보인다.

□□□ 0113

patronize
[péitrənàiz]

동 애용하다, 후원하다

The government **patronizes** various arts programs to support cultural development.
정부는 문화 발전을 지원하기 위해 다양한 예술 프로그램을 후원하고 있다.

□□□ 0114

observance
[əbzə́:rvəns]

명 ① (축제 등의) 기념 ② (법규 등의) 준수

The holiday season is a time for cultural and religious **observances** around the world.
연말연시는 전 세계에서 문화와 종교를 기념하는 시기이다.

□□□ 0115

proceeds
[próusi:dz]

명 수익금

The **proceeds** from the charity event will benefit the local animal shelter.
자선 행사를 통해 얻은 수익금은 지역 동물 보호소에 기부된다.

□□□ 0116

voucher
[váutʃər]

명 (현금 대용의) 상품권

Are there any **vouchers** available for this product?
이 상품에 사용할 수 있는 상품권이 있나요?

□□□
0117

brochure

[brouʃúər]

명 (홍보용) 소책자, 브로슈어

Pick up a **brochure** for more information.
자세한 내용은 소책자를 참조하세요.

□□□
0118

booklet

[búklit]

명 소책자

Download the user **booklet** for instructions.
설명서를 보려면 사용자 책자를 다운로드하세요.

□□□
0119

handout

[hǽndàut]

명 유인물, 배포 자료

The **handout** included a map of the hiking trail and safety tips.
유인물에는 등산로 지도와 안전 수칙이 포함되어 있다.

□□□
0120

opening

[óupəniŋ]

명 ① 개장, 개시 ② (일자리) 공석

The grand **opening** of the new museum will be held next week.
새로운 박물관의 개장은 다음 주에 열릴 예정이다.

□□□
0121

admission

[ædmíʃən]

명 입장, 입학

The museum offers free **admission** on the first Friday of every month.
박물관은 매월 첫째 주 금요일에 무료입장이 가능하다.

□□□
0122

entry

[éntri]

명 ① 가입, 참가, 입장, 들어감 ② 입장권 ③ 입구, 현관

Students receive discounted **entry** fees with valid student identification.
유효한 학생 신분증을 제시하면 학생들은 입장료 할인 혜택을 받을 수 있다.

□□□
0123

attendee

[ətèndíː]

명 ① 참석자 ② 출석자

The keynote speaker attracted a large audience of **attendees** at the conference.
기조연설자는 콘퍼런스에서 많은 청중을 끌어모았다.

□□□
0124

catering

[kéitəriŋ]

명 출장 요리, 음식 공급(업)

The **catering** menu included finger foods, appetizers, and main courses.
케이터링 메뉴에는 핑거푸드, 애피타이저, 메인 코스가 포함되어 있다.

0125

culinary
[kjú:lənèri]

형 **요리의**

This cookbook features **culinary** delights from various cultures.
이 요리책에는 다양한 문화권의 요리가 소개되어 있다.

0126

cuisine
[kwizí:n]

명 **요리(법)**

Explore the diverse **cuisine** of the region.
이 지역의 다양한 요리를 맛보세요.

0127

complimentary
[kàmpləméntəri]

형 **무료의**

We offer a **complimentary** consultation.
저희는 무료 상담을 제공합니다.

0128

redeemable
[ridí:məbl]

형 **(현금이나 상품과) 교환할 수 있는**

Check your email for a **redeemable** discount code.
이메일에서 교환 가능한 할인 코드를 확인하세요.

0129

audiovisual
[ɔ́:diouvíʒuəl]

형 **시청각의**

We are looking for a technician skilled in **audiovisual** equipment setup.
우리는 시청각 장비 설정에 숙련된 기술자를 찾고 있다.

0130

sightseeing
[sáitsi:iŋ]

명 **관광, 유람**

Learn about the city's history at the City Museum, adding to your **sightseeing** experience.
시립박물관에서 시의 역사에 대해 알아보고 관광 경험의 재미를 더해 보세요.

0131

venue
[vénju:]

명 **(콘서트·스포츠 경기·회담 등의) 장소**

The **venue** for the concert can accommodate over 10,000 attendees.
콘서트 장소는 10,000명 이상의 참석자를 수용할 수 있다.

0132

refreshment

[rifréʃmənt]

명 ① 다과 ② 원기 회복

Enjoy some **refreshments** and snacks during the break.

휴식 시간에는 다과와 간식을 즐기세요.

0133

picturesque

[pikʧərésk]

형 그림 같은

They offer tours through the city's **picturesque** historic district.

그들은 도시의 그림 같은 역사 지구를 둘러보는 투어를 제공한다.

0134

hands-on

[hǽndzɑ́:n]

형 직접 해 보는, 실천하는

The training program included **hands-on** workshops to develop practical skills.

교육 프로그램에는 실무 기술을 개발하기 위한 실습 워크숍이 포함되어 있다.

공지·안내

0135

residential

[rèzədénʃəl]

형 ① 주거의, 거주의 ② 주택용의

The waste reduction program promotes participation in all **residential** districts.

쓰레기 감소 프로그램은 모든 주거 지역의 참여를 장려한다.

0136

post

[poust]

동 게시하다, 공고하다 명 기둥

We **posted** the event announcement on our community board.

저희는 커뮤니티 게시판에 이벤트 공지를 게시했습니다.

0137

electronically

[ilektrɑ́nikəli]

부 컴퓨터 통신망으로, 컴퓨터로

Please sign the document **electronically**.

문서에 전자 서명을 해주세요.

0138

attentively

[əténtivli]

부 주의 깊게, 조심스럽게

The manager reviewed the report **attentively**.

관리자는 보고서를 주의 깊게 검토했다.

□□□
0139
timely
[táimli]

형 시기적절한, 때맞춘

We provided **timely** support to ensure a smooth project launch.
우리는 원활한 프로젝트 시작을 위해 때맞춰 지원을 제공했다.

□□□
0140
layout
[léiaùt]

명 배치(도), 배정

The website needs a new, user-friendly **layout**.
웹사이트에는 새롭고 사용자 친화적인 레이아웃이 필요하다.

□□□
0141
easy-to-follow instructions

따라 하기 쉬운 설명

We commit to providing accessible information with **easy-to-follow instructions** for users.
저희는 사용자가 쉽게 따라 할 수 있는 지침과 함께 접근 가능한 정보를 제공하기 위해 최선을 다합니다.

□□□
0142
power outage

정전, 송전 정지

The **power outage** affected operations at several government buildings.
정전은 여러 정부 건물의 운영에 영향을 미쳤다.

□□□
0143
turnout
[tə́ːrnaùt]

명 참가자의 수, 참석률, 투표자 수

Due to the low **turnout** of committee members, the meeting has been postponed.
위원회 위원들의 참여율이 저조하여 회의는 연기되었다.

□□□
0144
amenity
[əménəti]

명 (생활 관련) 편의 시설

The building offers **amenities** like a gym and rooftop lounge.
그 건물 내에는 체육관, 옥상 라운지 등의 편의 시설이 마련되어 있다.

□□□
0145
designated area

지정된 장소

Park only in **designated areas** to avoid parking tickets.
주차 위반 딱지를 피하기 위해 지정된 구역에만 주차하세요.

0146

rest assured

안심하세요

Our department understands your concern, **rest assured** we're conducting a thorough investigation.

저희 부서에서는 귀하의 우려를 이해하고 있으며, 철저한 조사를 진행하고 있으니 안심하세요.

0147

state-certified

형 **국가 공인의**

To open a daycare, all staff need **state-certified** childcare qualifications.

어린이집을 개설하려면 모든 직원은 주에서 인증하는 보육 자격증이 있어야 한다.

0148

online inquiry form

온라인 문의 양식

Submit your questions easily through our convenient **online inquiry form**.

편리한 온라인 문의 양식을 통해 간편하게 질문을 제출하세요.

0149

civil complaint

민원

Residents filed a **civil complaint** against the city over noise pollution concerns.

주민들은 소음 공해 문제로 시에 민원을 제기했다.

0150

seamless

[síːmlis]

형 **매끄러운, 순조로운**

The new system ensures **seamless** integration of data from different government agencies.

새로운 시스템은 여러 정부 기관의 데이터를 원활하게 통합하게 해준다.

기타

0151

forward

[fɔ́ːrwərd]

동 **보내다, 전달하다**

The agency will **forward** your inquiry to the appropriate department for a response.

해당 기관에서 문의 사항을 해당 부서로 전달하여 답변을 드릴 것입니다.

0152

CC (Carbon Copy)

명 **참조** 동 **참조하다**

Please **CC** your manager on the email regarding the project update.

프로젝트 업데이트와 관련된 이메일에 관리자를 참조해 주세요.

□□□
0153

sincerely

[sinsíərli]

부 **진심으로**

cf 편지의 맺음말: Sincerely (yours), Yours sincerely

We appreciate your understanding and cooperation.
Sincerely,
여러분의 이해와 협조에 감사드립니다.
진심으로 감사드리며,

□□□
0154

stunning

[stʌ́niŋ]

형 **놀랄 만큼 멋진, 훌륭한**

The newly restored historical landmark offers a **stunning** exhibit of artifacts.
새롭게 복원된 역사적 랜드마크는 멋진 유물 전시를 제공한다.

□□□
0155

ship

[ʃip]

동 **보내다, 발송하다**

The package is **shipped** via express delivery.
소포는 특급 배송을 통해 발송된다.

□□□
0156

dispatch

[dispǽtʃ]

동 **① 파견하다 ② 보내다, 발송하다 ③ 신속히 해치우다**
명 **파견, 발송**

It's crucial to **dispatch** the necessary documents to the client before the deadline.
마감일 전에 필요한 서류를 고객에게 발송하는 것이 중요하다.

□□□
0157

courier

[kə́ːriər]

명 **택배 회사, 택배 배달원**

Next-day delivery is available through a reliable **courier**.
믿을 수 있는 택배를 통해 익일 배송이 가능하다.

□□□
0158

fairly

[fέərli]

부 **① 상당히, 꽤 ② 공평하게**

Public transportation is **fairly** reliable in most major cities.
대부분의 주요 도시에서 대중교통은 상당히 안정적이다.

□□□
0159

retailer

[ríːteilər]

명 **① 소매상인 ② 소매점**

The company is looking for a **retailer** to sell their new product line.
이 회사는 새로운 제품 라인을 판매할 소매업체를 찾고 있다.

0160
pharmacist
[fά:rməsist]

명 약사

She chose a career path to become a **pharmacist**.
그녀는 약사가 되기 위해 진로를 선택했다.

0161
automotive
[ɔ̀:təmóutiv]

형 자동차의

They formed a partnership to develop innovative **automotive** safety features.
그들은 혁신적인 자동차 안전 기능을 개발하기 위해 파트너십을 맺었다.

0162
up-to-date
[ʌ̀ptədéit]

형 ① 최신의 ② 최신식의

Keep your résumé **up-to-date** to reflect your latest skills and experience.
가장 최근의 역량과 경력을 보여 줄 수 있도록 이력서를 최신 상태로 유지하세요.

0163
cutting-edge
[kʌ̀tiŋédʒ]

형 최첨단의

The keynote speaker will discuss **cutting-edge** trends in artificial intelligence.
기조연설자는 인공지능의 최신 동향에 대해 논의할 예정이다.

0164
state-of-the-art
[stéitəvðiά:rt]

형 최첨단의, 최신식의

The hospital boasts a **state-of-the-art** medical imaging facility.
이 병원은 최첨단 의료 영상 시설을 자랑한다.

0165
remainder
[riméindər]

명 나머지

The sale cleared the **remainder** of the stock.
세일로 나머지 재고가 모두 소진되었다.

0166
office supplies

사무용품

Remember to bring your own **office supplies**.
사무용품은 개인 지참하는 것을 잊지 마세요.

0167
warehouse
[wérhaùs]

명 창고, 저장소

The **warehouse** is closed today for a scheduled maintenance check.
창고는 정기 유지보수 점검을 위해 오늘 문을 닫는다.

0168

high-profile

[hàipróufail]

형 **유명한, 세간의 이목을 끄는**

The presidential visit attracted a large number of **high-profile** journalists.

대통령 방문에 많은 유명 언론인이 참석했다.

0169

infrastructure

[ínfrəstrʌ̀ktʃər]

명 **사회 기반 시설**

Investing in sustainable **infrastructure** is crucial for long-term economic growth.

지속 가능한 인프라에 투자하는 것은 장기적인 경제 성장을 위해 매우 중요하다.

0170

complex

[kámpleks]

명 **복합 건물, (건물) 단지** 형 **① 복합의 ② 복잡한**

The new healthcare **complex** provides essential medical services to underserved communities.

새로운 의료 단지는 소외된 지역 사회에 필수적인 의료 서비스를 제공한다.

0171

wear and tear

마모, 손상

The car shows signs of **wear and tear** after years of use.

수년간 사용한 차량은 마모된 흔적이 보인다.

0172

landscaping

[lǽndskèipiŋ]

명 **조경**

The new **landscaping** work improved the curb appeal.

새로운 조경 작업은 연석의 매력을 개선했다.

0173

nature reserve

자연 보호구역

Public campaigns educate citizens about the importance of preserving **nature reserves.**

공공 캠페인은 시민들에게 자연 보호 구역 보존의 중요성을 교육한다.

0174

wilderness

[wildərnis]

명 **황야, 황무지**

Scientists are studying the unique plant within the remote **wilderness** region.

과학자들은 외딴 야생 지역에 서식하는 독특한 식물을 연구하고 있다.

0175

public figure

명 유명 인사, 공인

After retirement, the former athlete became a **public figure** for youth mentorship programs.
은퇴 후 전 운동선수는 청소년 멘토링 프로그램의 유명 인사가 되었다.

0176

biased
[báiəst]

형 치우친, 편견을 가진

The government's anti-poverty campaigns strive not to be **biased** in distributing aid.
정부의 빈곤 퇴치 캠페인은 편견 없이 원조를 배분하기 위해 노력한다.

0177

ventilation
[vèntəléiʃən]

명 ① 환기 ② 환기 장치

Poor **ventilation** in public housing raises health concerns for residents.
공공 주택의 환기 불량은 거주자들의 건강에 대한 우려를 일으킨다.

0178

on-call security specialist

당직 보안 전문가

A well-trained **on-call security specialist** can deter potential security threats.
잘 훈련된 당직 보안 전문가가 잠재적 보안 위협을 막을 수 있다.

0179

unauthorized entrance

무단출입

Attempting **unauthorized entrance** is prohibited.
무단출입 시도는 금지되어 있다.

0180

defective
[diféktiv]

형 결함이 있는 명 불량품

Public transportation authority is investigating reports of **defective** brakes on buses.
대중교통 당국에서 버스 브레이크 결함 신고를 조사하고 있다.

0181

floor plan

① 평면도 ② 층별 안내도

Make sure to review the **floor plan** before heading to your exam room.
시험장으로 향하기 전에 층별 안내도를 확인하세요.

0182

product demonstration

제품 시연

The salesperson offered a **product demonstration** of the new smartphone features.

영업 담당자가 새로운 스마트폰 기능에 대한 제품 시연을 했다.

0183

network

[nétwə̀ːrk]

동 인적 네트워크를 형성하다 명 망

Attending industry conferences allows you to **network** with potential employers.

업계 콘퍼런스에 참석하면 잠재 고용주들과의 네트워크를 형성할 수 있다.

0184

self-employed

형 자영업을 하는

He decided to become **self-employed** and open his own graphic design studio.

그는 자영업자가 되어 자신의 그래픽 디자인 스튜디오를 열기로 결정했다.

0185

sign up for

-을 신청하다

Sign up for the marathon online before the registration deadline closes.

등록 마감일 전에 온라인으로 마라톤 참가 신청을 하세요.

0186

mergers and acquisitions (M&A)

기업 인수 합병

The **mergers and acquisitions** of two major tech companies created a new industry giant.

두 개의 주요 기술 회사의 합병으로 새로운 산업 거인이 탄생했다.

0187

subscription

[səbskrípʃən]

명 ① 예약, 구독(료) ② 기부(금)

You can cancel your digital magazine **subscription** at any time through your account settings.

계정 설정에서 언제든지 귀하의 디지털 잡지의 구독을 취소하실 수 있습니다.

0188

household

[háushòuld]

명 가구 형 가정의, 가족의

Dispose of used batteries responsibly following your **household** waste disposal guidelines.

사용한 배터리는 반드시 가정용 폐기물 처리 지침에 따라 폐기하세요.

☐☐☐
0189
domestic
[dəméstik]

형 ① 국내의 ② 가정의

We prefer to support **domestic** businesses to stimulate the local economy.
저희는 지역 경제 활성화를 위해 국내 기업을 지원하는 것을 선호합니다.

☐☐☐
0190
customized
[kʌ́stəmàiz]

형 주문 제작의, 맞춤의

Customized learning plans are available for multilingual students.
다국어를 사용하는 학생을 위한 맞춤형 학습 계획이 있다.

☐☐☐
0191
tailored
[téilərd]

형 맞춤의, 주문 제작의

Our training is **tailored** to your specific needs.
저희 교육은 귀하의 특정 요구 사항에 맞춰져 있습니다.

☐☐☐
0192
overcrowding
[òuvərkraúdiŋ]

명 과밀, 혼잡

The authorities are taking measures to prevent **overcrowding** at the popular tourist destination.
당국은 인기 관광지의 혼잡을 방지하기 위해 조치를 취하고 있다.

☐☐☐
0193
to this end

이 목적을 위해

To this end, the city council is holding a public forum to gather feedback on the renovation.
이를 위해 시 의회는 보수에 대한 의견을 모으기 위해 공개 토론회를 개최한다.

☐☐☐
0194
overheat
[òuvərhíːt]

동 과열하다, 과열되다 명 ① 과열 ② 지나친 흥분

Libraries close early to prevent computer systems from **overheating**.
컴퓨터 시스템 과열을 방지하기 위해 도서관들은 일찍 문을 닫는다.

☐☐☐
0195
litter
[lítər]

동 어지르다, 더럽히다 명 ① 쓰레기 ② 난잡

The ocean floor is **littered** with humanity's garbage.
해저는 인류의 쓰레기로 어질러져 있다.

0196

sanitation

[sænitéiʃən]

명 **공중위생, 위생 설비**

The **sanitation** department is responsible for collecting household waste.

위생과는 생활 쓰레기 수거를 담당하고 있다.

0197

round trip

왕복 여행

The train fare includes a **round trip** ticket.

기차 요금에는 왕복 티켓이 포함되어 있다.

0198

departure

[dipάːrʧər]

명 **출발, 떠남**

The plane's **departure** was delayed due to bad weather conditions.

기상 악화로 인해 비행기 출발이 지연되었다.

0199

arrival

[əráivəl]

명 **도착**

The train's **arrival** is expected to be on time according to the schedule.

기차 도착은 예정 일정에 따라 정시에 도착할 예정이다.

0200

carry-on

[kǽri ɑːn]

형 **휴대용의, 비행기 내에 들고 갈 수 있는**

Lost and found items from **carry-on** baggage are kept at the airport security checkpoint.

기내 반입 수하물의 분실물은 공항 보안 검색대에 보관된다.

암기 노트

생활영어 표현

01 안부/걱정 묻기

- How are you (getting along)? 잘 지냈어? / 어떻게 지내?
  = How is it going?
  = How have you been (doing)?
  = What's up?
  = What are you up to?
- What's getting on your nerves? 무슨 걱정이라도 있어?
  = What's eating you?
  = What's bothering you?
- Send him my regards. 그에게 안부를 전해 줘.

02 부탁하기/부탁 들어주기

- Can you do me a favor? 부탁 하나만 들어줄래?
  = Can I ask you for a favor?
- Can you give me a hand with it? 이것 좀 도와줄 수 있어?
- Can you fill me in? 정보를 좀 알려 줄래?
- Consider it done. 맡겨만 줘.
- Sure thing. 물론이지.
  = By all means.
- It's the least I can do. 내가 이 정도는 해줄 수 있지.
- It's my pleasure. 나야말로 도움이 되어 기뻐.
- Be my guest. 마음껏 해. / 편할 대로 해.
  = Knock yourself out.
- Help yourself. 마음껏 먹어. / 하고 싶은 대로 해.
- That's no sweat. 문제없어. / 힘든 일이 아니야.
- What are friends for? 친구 좋다는 게 뭐야?

03 의견 묻고 답하기

- What do you say? 네 생각은 어때?
  = What do you think?
- It's all the same with me. 아무거나 상관없어.
  = It doesn't matter.
  = I don't mind.
- Do as you please. 좋을 대로 해.
  = Have it your way.
  = Suit yourself.
- Let me sleep on that. 생각 좀 해볼게.
  = Let me think it over.
- I'm on the fence. 난 고민 중이야.
- I'm putting my foot down on this.
  난 이것에 대해 단호한 입장이야.

04 모름 나타내기

- I can't make head or tail of it. 전혀 모르겠어.
  = That's Greek to me.
  = I don't have the slightest idea.
  = Beats me.
- That's news to me. 금시초문이야.
- It doesn't ring a bell. 그건 들어본 적이 없어.
- Not that I know of. 내가 알기로는 그렇지 않아.
- It's on the tip of my tongue. 그것이 기억날 듯 말 듯 해.
- I can't put my finger on it. 꼭 집어 말하기는 힘들어.
  = I can't pinpoint it.

05 동의하기/동의하지 않기

- I'm with you. 나도 동감이야. / 내 말이 그 말이야.
  = You are telling me.
  = That's the word.
  = I second that.
  = Tell me about it.
  = That makes two of us.
  = Ditto.
- You bet. 틀림없어. / 바로 그거야.
  = I bet.
- I can't agree with you more. 전적으로 동의해.
  = I couldn't agree more.
  = You can say that again.
  = I'm in line with you.
- I'm up for that. 난 찬성이야.
- That will do. 그거면 충분해.
- I don't buy it. 난 안 믿어.
- I beg to differ. 난 다르게 생각해.

06 칭찬하고 답하기

- You haven't aged a day! 하나도 안 늙었네!
- Way to go! 아주 잘했어!
- Good call! 좋은 선택이야!
- I'm so flattered. 과찬이야.
  = You are quite flattering.
- It's no big deal. 별일 아니야.

07 사과하고 답하기

- I owe you an apology. 미안해.
  = I apologize from the bottom of my heart.
- Sorry to rain on your parade. 네 기분을 망쳐서 미안해.
- Don't mention it. 별말을. / 천만에.
  = It's quite all right.
  = No problem.
- Never mind. 신경 쓰지 마. / 괜찮아.
  = Don't bother.

08 격려하기

- Go for it! 자 해봐! / 힘내!
- Break a leg! 행운을 빌어!
- I'll keep my fingers crossed for you. 네가 성공하길 빌게.
- I bet you can make it. 넌 할 수 있을 거야.
- Keep your chin up. 기운 내.
  = Cheer up.
- It will pay off soon. 곧 성과가 있을 거야.
- Give it your best shot. 최선을 다해 봐.
- Push yourself a little more. 조금만 더 힘내.
- Try them out! 시험 삼아 해 봐!
- That's more like it! 그래 그거야!
- You need to get back on your feet. 다시 일어서야 해.

09 고민/조언 관련

- Get it off your chest. 속 시원하게 털어놔.
- A penny for your thoughts. 무슨 생각을 하는 거야?
- It's your call. 네가 결정해야 할 일이야.
  = The ball's in your court.
- Better safe than sorry.
  나중에 후회하는 것보다 조심하는 것이 낫다.
- Don't count on it. 너무 기대하지는 마.
- It'll take time to get the hang of it.
  그것에 익숙해지려면 시간이 걸릴 거야.
- I'll make sure to follow your advice.
  네 조언을 따르도록 할게.
- You'd better call a spade a spade.
  솔직하게 말하는 게 좋아.

10 감사하기/축하하기

- Thanks a million. 정말 고마워.
  = Thanks a bunch.
- I can't thank you enough.
  뭐라고 감사의 말을 전해야 할지 모르겠어.
- Thank you for having me. 초대해 줘서 고마워.

11 문제/실수/오해 나타내기

- I'm in trouble. 나 문제가 있어.
- I want to file a complaint. 항의를 하고 싶어.
- She went behind my back. 그녀는 나를 배신했어.
- I was at a loss for words. 나는 당황해서 말문이 막혔어.
- It was a slip of the tongue. 말을 잘못했어. / 말실수였어.
- I totally flunked the test. 나 그 시험 완전히 망쳤어.
- I took my eye off the ball. 내가 한눈을 팔았어. / 방심했어.
- It slipped my mind. 그걸 깜빡했어.
- I'm all thumbs. 난 정말 서툴러. / 난 손재주가 없어.
- Don't get me wrong. 내 말 오해하지 마.
- I want to clear up the misunderstanding.
  오해를 풀고 싶어.

12 진정시키기/유감 나타내기

- Take it easy. 진정해.
  = Keep your shirt on.
  = Stay[Be] cool.
  = Hold your horses.
  = Chill out.
- Don't lose your temper. 화내지 마.
  = keep your temper.
- It's a shame! 그거 안됐구나!
  cf Shame on you! 부끄러운 줄 알아!
- I'm sorry to hear that. 유감이야.
- I'm afraid I cannot make it. 내가 할 수 없어서 유감이야.

13 부정적인 감정 나타내기

- I can't stand it anymore. 더 이상 참을 수가 없어.
  = I've had it (enough).
- I hit the ceiling when people lie.
  사람들이 거짓말을 하면 화가 나.
- I'm fed up with him. 그 사람이라면 진절머리 나.
  = I'm sick and tired of him.
- I'm wiped out. 나는 지쳤어.
  = I'm worn out.
  = I'm dead tired.
  = I'm exhausted.
  = I'm beat.
- I feel blue. 나 우울해.
- I feel on edge. 나 초조해.
- I have butterflies in my stomach. 나 마음이 조마조마해.

14 놀라움/믿기 어려움 나타내기

- Are you kidding me? 농담이지?
  = You've got to be kidding me.
  = You are joking!
  = Are you pulling my leg?
- No way! 말도 안 돼!
- You can't be serious. 설마 진심은 아니겠지.

15 선 긋기/나무라기

- Mind your own business.
  네 일이나 신경 써. / 네가 관여할 일이 아니야.
  = This is none of your business.
  = Keep your nose out of this.
  = Stay out of this.
- Give me a break. 한 번만 봐줘. / 이제 그만해.
  = Give[Cut] me some slack.
- Please leave me alone. 나 좀 내버려둬.
- Enough is enough. 그만하면 됐어. / 이제 그만해.
- Stop bugging me. 나 좀 그만 괴롭혀. / 나 좀 내버려둬.
  = Stop bothering me.
- Don't boss me around. 나한테 이래라저래라 하지 마.
- Don't make a fuss about it. 호들갑 떨지 마.
- Don't take it out on me. 나한테 화풀이 하지 마.
- Don't put me on the spot. 날 난처하게 하지 마.
- You asked for it. 네가 자초한 일이야. / 자업자득이야.
  = It serves you right.
- Put yourself in my shoes[place]. 입장 바꿔 생각해 봐.
- Don't jump on the bandwagon.
  시류에 편승하지 마. / 우세한 편에 붙지 마.
- I don't think you got the point.
  너는 요점 파악을 못 한 것 같아.
- You shouldn't talk back to your parents.
  부모님께 말대꾸해서는 안 돼.
- Snap out of it! 정신 차려!
- You let me down. 너는 나를 실망시켰어.
- Throw in the towel. 패배를 인정해.

16 늦은 상황

- Shake a leg! 서둘러!
  = Make haste!
- That's cutting it close. 시간이 아슬아슬해.
- You should make it on time. 제시간에 도착해야 해.
  cf make it ① 도착하다 ② 해내다, 성공하다
- What took you so long? 왜 이렇게 오래 걸렸어?
  = What kept you?

17 기타 시간 관련 표현

- He is on time. 그는 시간을 잘 지켜.
  = He is punctual.
- Take your time. 천천히 해.
- There's no need to rush. 서두를 필요 없어.
- Hang on a second. 잠깐만 기다려 줘.
- Let's make the most of our time.
  있는 시간을 최대한 누려보자.
- It's quarter to nine. 8시 45분이야.
- It's half past four. 4시 30분이야.

18 전화/연락 관련

- Her line is engaged. 그녀는 통화 중입니다.
  = She's on the other line.
  = She's on the phone.
  = Her line is busy now.
- I need to hang up right now. 지금 전화를 끊어야 해.
- Stay on the line. 전화를 끊지 말고 기다려주세요.
- She's on hold. 그녀는 전화 연결을 기다리고 있어요.
- I couldn't get hold of you. 너한테 연락이 닿지 못했어.
- I'll give you a ring later. 나중에 전화할게.
  = I'll ring you later.
- Can you put him through? 그를 연결해 주실 수 있나요?
- Keep me informed. 상황을 계속 알려줘.
  = Keep me posted.
- He called in sick. 그는 전화로 병가를 알렸어.
- It was a prank call. 장난 전화였어.

19 회사/업무 관련

- She's out of town. 그녀는 출장 중이야. / 그녀는 부재중이야.
- They got fired. 그들은 해고당했어.
  = They got laid off.
  = They have been let go.
- It's up in the air. 아직 결정되지 않았어.
- The deadline is around the corner. 마감일이 임박해 있어.
  cf The shop is around the corner.
  그 가게는 코너를 돌아서 있어.
- It's my day off today. 오늘 나 휴무야.
  = I'm off today.
- She's on leave. 그녀는 휴가 중이야.
- We came to terms with them.
  우리는 그들과 합의를 봤어. / 우리는 그들과 화해했어.
- Give me the status quo on this matter.
  이 안건의 현재 상황을 알려주세요.
- His business went belly up. 그의 사업은 완전히 망했어.
- Give me a ballpark figure. 대략적인 수치를 알려 줘.
- Did you ask for a raise? 월급 인상을 요청하셨나요?
- I pulled some strings. 제가 인맥을 좀 썼어요.
- Keep me in the loop. 계속 진행 상황을 알려 주세요.

20 마무리하기

- I'll catch up with you later.
  나중에 이야기하자. / 나중에 뒤따라갈게.
- Let's call it a day. 오늘은 여기까지 하자.
  = So much for today.
  = Let's finish up.
  = Let's wrap it up.

21 약속 관련

- Can I take a rain check on that?
  다음 기회로 미룰 수 있을까?
- Why don't you ask her out tonight?
  그녀에게 오늘밤 데이트 신청을 하는 게 어때?
- Let's hang out together soon. 조만간 같이 시간을 보내자.
- Count me out. 나는 빼 줘.
  cf Count me in. 나도 끼워 줘.
- Be there on the dot. 정각에 도착하도록 해.
- Can I come over? 나 놀러 가도 돼?
- Can I tag along? 나도 같이 가도 돼?

22 장소 관련

- Where are you headed? 어디 가는 길이야?
- I am off to the grocery store. 나 식료품점에 가.
- What brings you here? 여긴 무슨 일로 왔니?
- Let's go to the Lost and Found. 분실물 센터에 가보자.

23 식당/예약 관련

- I'd like to book a table. 자리 하나를 예약하고 싶은데요.
- Could you put me on the waiting list?
  대기자 명단에 올려 주실 수 있나요?
- I want to cancel my reservation.
  예약을 취소하고 싶습니다.
- First come, first served. 선착순이야.
- I could eat a horse. 배가 몹시 고파.
  = I'm starving.
- Is that for here or to go?
  여기에서 드실 건가요, 가져가실 건가요?
- Let's go grab a bite. 뭐라도 좀 먹으러 가자.
- It's open 24/7. 그곳은 매일 24시간 영업해요.
- It's on the house. 무료입니다.
  = This is free of charge.

24 돈 관련

- I'll pick up the tab[bill]. 내가 낼게.
  = I'll treat you.
  = It's on me.
- I'll chip in. 나도 돈을 보탤게.
- It's a steal. 아주 저렴했어.
  = What a steal!
  = It was a bargain.
  = It was a great deal.
- That's a rip-off. 그거 정말 바가지네.
- Could you break this bill?
  이 지폐를 잔돈으로 바꿔 주실 수 있나요?
- Can I cash a check? 수표를 현금으로 바꿀 수 있을까요?
- I'm flat out broke. 나 완전히 빈털터리야.

25 여행/교통 관련

- Let's hit the road. 여행을 떠나자. / 출발하자.
- Is it a one-way or a round trip? 편도입니까 왕복입니까?
- Would you like a window or an aisle seat?
  창가 자리를 원하십니까 복도 자리를 원하십니까?
- When is the boarding time? 탑승 시간은 언제입니까?
- I missed my connecting flight. 연결 항공편을 놓쳤어요.
- I don't have anything to declare.
  세관에 신고할 것은 없습니다.
- This is the baggage claim area.
  이곳은 수화물을 찾는 곳입니다.
- You need to take a detour. 우회하셔야 합니다.
- Make a right at the intersection.
  교차로에서 우회전하세요.

26 운전 관련

- Can you give me a lift[ride]? 차 좀 태워 줄래?
- Can you pick me up? 나 데리러 올 수 있어?
- Can you drop me off there? 저기서 나 내려줄 수 있어?
- I'm behind the (steering) wheel. 나는 운전 중이야.
- Let's pull over there. 저기서 차를 세우자.
- We must not drive under the influence.
  우리는 음주 운전을 하면 안 돼.

27 기타

- It's a piece of cake. 식은 죽 먹기야.
- Money makes the mare go.
  돈만 있으면 귀신도 부릴 수 있어.
- What a coincidence! 이런 우연이 있나!
- I'd like to make a toast. 나 건배하고 싶어.
- We need to break the ice. 서먹한 분위기를 깨야 해.
- It's water under the bridge. 이미 다 지난 일이야.
- That was a close call. 큰일날 뻔했어. / 아슬아슬했어.
- I can't make (both) ends meet. 수지를 맞출 수가 없어.
  cf It's so hard to make ends meet.
  생계를 유지하기가 힘들어.
- She is head and shoulders above me.
  그녀는 나보다 훨씬 빼어나.
- It is raining cats and dogs. 비가 억수로 쏟아지고 있어.
- I don't have the guts to do that. 난 그것을 할 용기가 없어.
- He is best in the field, hands down.
  그는 의심할 여지도 없이 이 분야에서 최고야.
- The game was neck and neck. 그 경기는 막상막하였어.
- Did you pull an all-nighter? 밤새웠어?
- Let's get this show on the road. 이제 시작해 보자.
- I should get in shape. 나 몸을 만들어야겠어.
- It was a breeze. 그건 식은 죽 먹기였어.
- Speak of the devil. 호랑이도 제 말 하면 온다더니.
- I swear my lips are sealed. 비밀로 할게.
  = I'll keep it under wraps.
- Can I try it on? 그것을 한 번 입어 봐도 될까요?

Staff

Writer 심우철

Director 강다비다

Researcher 정규리 / 한선영 / 장은영 / 김도현

Design 강현구

Manufacture 김승훈

Marketing 윤대규 / 한은지 / 유경철

발행일: 2024년 10월 15일 (3쇄)

내용문의: http://cafe.naver.com/shimson2000